PARIS, LIBRAIRIE. — MIRECOURT, TYP. HUMBERT.

LA QUEUE

DE

VOLTAIRE

PAR

EUGÈNE DE MIRECOURT

PARIS

LIBRAIRES-ÉDITEURS

E. DENTU	HUMBERT
PALAIS-ROYAL, 17 & 19	RUE BONAPARTE, 43
	et
GALERIE D'ORLÉANS	RUE Ste-MARGUERITE, 30

1864

Tous droits réservés

I

Ce que fit le diable, à propos d'un sermon de Bourdaloue et d'un jubilé du pape.

Dans quelques siècles d'ici, la légende, dont les facultés intuitives, si je puis m'exprimer de la sorte, écartent le voile du monde invisible et révèlent aux peuples ce que l'histoire ne leur apprend jamais, — la légende racontera ce qui va suivre :

Le 21 février 1694, Paris se trouvait en plein carnaval.

Curieux d'examiner par lui-même comment se passaient les choses à une époque de l'année si propice à la damnation des hommes, Satan quitta tout exprès son royaume de flammes, et vint sur terre, accompagné de ses trois principaux ministres, les démons de l'orgueil, de la luxure et du blasphème.

D'abord il visita Versailles, où il se scandalisa fortement de voir la cour assemblée à la chapelle, et prêtant une oreille pieuse à un sermon du père Bourdaloue.

Indigné de ce qu'il appelait la volte-face ridicule de Louis XIV et maugréant contre madame de Maintenon, l'ange de ténèbres partit au plus vite.

On eût pu l'entendre traverser les airs comme un souffle de tempête.

En moins de cinq minutes, lui et ses trois ministres furent au Palais-Royal, où demeurait le neveu du roi. Ils avaient besoin de se consoler d'une manifestation religieuse, tout à fait en dehors de leurs principes, par le spectacle des débauches du jeune duc d'Orléans et de son impudique précepteur.

Chez le futur régent, la société parut charmante au prince du sombre empire. Dans les grands appartements comme dans les petits, grouillaient une foule de vrais disciples de l'enfer.

La dépravation, l'impiété, l'orgie étaient au comble.

— A merveille! Ici tout va pour le mieux, dit Satan. Voyons si l'on se comporte aussi bien ailleurs?

Perçant la voûte de l'ancien salon-cardinal, et saluant de la griffe, avant de partir, un portrait de Richelieu, les hôtes infernaux disparurent.

Ils pénétrèrent dans la plupart des maisons du voisinage.

Mais la conduite des bourgeois de Paris n'eut pas l'approbation de l'ange rebelle. Beaucoup d'entre eux, à l'exemple de la cour, s'occupaient du jubilé, que venait d'accorder le pape Innocent XII, et que les pères Jésuites, alors en très-haute estime, prêchaient dans chaque paroisse. Tout le reste songeait à peine au carnaval et négligeait danses et festins par simple préoccupation politique.

On disait que le prince d'Orange allait reprendre Namur.

— Ceci ne me convient plus, dit Satan. J'espère au moins que le peuple s'amuse?

Il déploya ses ailes vibrantes, traversa la Seine à la hauteur du Pont-Neuf, esquiva la Sainte-Chapelle par un crochet, puis vint s'abattre au milieu de la Cité.

Ses acolytes le suivaient toujours.

Huit heures sonnaient à Notre-Dame, et déjà les rues étaient désertes. Le peuple dormait.

Depuis deux mois les artisans de ce quartier laborieux luttaient contre la rigueur de l'hiver.

Les travaux étaient mal payés ou d'une exécution difficile. On ne pensait ni au plaisir ni à la mascarade.

En traversant la rue des Marmousets, Satan poussa la porte vermoulue d'une masure, à travers les ais disjoints de laquelle filtrait la lueur d'une lampe. Il la referma brusquement avec un cri sinistre, en voyant une femme agenouillée qui faisait sa prière du soir.

— Ah! ça, tout Paris devient cagot! cria le diable en courroux : il est temps que cette plaisanterie cesse, je le veux!

De l'autre côté de la rue brillait une seconde lumière. C'était au premier étage d'une maison bourgeoise. Le roi du mal et ses ministres s'élevèrent jusqu'au balcon.

Voici ce qu'ils aperçurent.

Un enfant chétif et malingre, qu'on n'avait pas cru, pour cette raison, devoir présenter encore au baptême, agonisait dans son berceau. La mère, endormie à peu de distance, n'entendait pas, au milieu de son premier sommeil, le râle plaintif du nouveau-né.

Ses couches avaient eu lieu le soir précédent.

Assis au coin de l'âtre dans la même pièce, un homme d'une quarantaine d'années environ, chaudement enveloppé d'une robe de chambre et les pieds devant le feu, venait d'absorber une bouteille de fin bourgogne. Ayant bu le dernier verre et trouvant le fauteuil moelleux, il se mit à ronfler avec un timbre sonore, sans se douter qu'un spasme étouffait son fils.

— Entrons! dit Satan, qui poussa la fenêtre.

— Où sommes-nous? demandèrent, tout intrigués, les démons de l'orgueil, de la luxure et du blasphème.

— Dans un domicile que vous ne quitterez plus, répondit le maître infernal, avec un effroyable sourire : chez François Arouet, ancien notaire, payeur des épices et receveur des amendes à la chambre des comptes.

Il s'approcha du berceau.

— Voici que cet enfant meurt, dit-il à ses ministres. Je vous donne son corps. Habitez-le simultanément, et n'en sortez pas que je ne vous rappelle!

Les démons y restèrent quatre-vingt-quatre ans, trois mois et sept jours.

Né le 20 février 1694, le fils de François Arouet, qui plus tard changea son nom en celui de Voltaire, ne mourut que le 30 mai 1778, après avoir vengé Satan du sermon du père Bourdaloue et du jubilé du pape Innocent XII.

II

Quelques réflexions utiles. — Plan de ce livre.

En attendant que les siècles complètent ce récit légendaire, bornons-nous à l'histoire pure et simple, et rappelons au lecteur ce que disait le comte Joseph de Maistre dans un chapitre des *Soirées de Saint-Pétersbourg* :

« Voltaire est mort, mais ses œuvres vivent et nous tuent. »

Rien de plus vrai. Le vampire philosophique

suce encore tous les jours le sang des populations chrétiennes.

Mais, répondrez-vous, les écrivains empoisonneurs du dix-huitième siècle, Voltaire en tête, sont démasqués; leurs infâmes doctrines tombent en discrédit, l'impiété brutale n'est plus de mode.

La remarque peut être juste à certain point de vue.

Quelques personnes, — un petit nombre, — se retirent de la voie maudite. Je parle des nobles égarés et des bourgeois sains d'esprit et de jugement. Ces deux classes ont bu le poison les premières; elles en connaissent les effets terribles et brisent la coupe. Mais il n'en est pas de même chez les bourgeois du demi-savoir et chez cette partie du peuple, honorée, depuis 89, des bienfaits de l'alphabet.

Dites-moi, je vous prie, quels livres sont entre les mains de ces malheureux? Regardez, de grâce, le titre du volume que leur glissent dans la main les loges maçonniques et les sociétés secrètes?

On aurait tort de soutenir que le bélier voltairien ne manœuvre plus et ne continue pas sa démolition. Seulement, après avoir attaqué le faîte de l'édifice, il dirige à présent ses coups obstinés sur la base.

Vous qui êtes en haut, regardez au-dessous de vous : c'est là que l'ennemi travaille!

Est-ce à dire qu'on renonce à faire une seconde fois la conquête des classes éclairées, dont je parlais tout à l'heure?

Non, certes.

Pour elles le système se transforme.

Il y a d'habiles pêcheurs au bord du fleuve de l'incrédulité. Si leurs hameçons cassent, ils en ont de rechange, et savent présenter l'appât de mille façons diverses.

On a pour combattre aujourd'hui le Christianisme des armes presque courtoises. A la rage aveugle succède la ruse. Les écrivains impies, dans ce siècle, s'appliquent à dissimuler le piége sous les paillettes et le chatoiement d'un style hypocrite. Ils jettent la peau du loup pour prendre celle de l'agneau. Le mensonge se farde et nous engage à le suivre, en couvrant le chemin de feuilles de roses pour cacher les périls du voyage; il emploie toutes les séductions afin d'éblouir nos regards, il fait naître au besoin l'obscurité, — c'est un moyen de masquer l'abîme.

Bref, le renard cherche à saisir ce qui échappait au lion.

Plus que jamais il faut appeler la vérité à notre aide, et surtout mettre en œuvre les procédés qu'elle indique pour vaincre. Elle a des habitudes diamétralement opposées à celles de son fallacieux adversaire. Quand elle trace la géographie de la route et lève son flambeau, le mensonge confondu prend la fuite et regagne ses ténèbres.

Or, j'ai depuis longtemps choisi la vérité pour patronne et pour guide.

Elle va m'aider à montrer ici : 1° ce qu'était M. de Voltaire; 2° ce que sont ses disciples; 3° ce que la France doit à l'un et ce qu'elle peut espérer des autres.

III

Joli système d'éducation. — Débuts d'un chef dont la bande existe encore. — Tragédie d'Œdipe, et spirituelle plaisanterie de l'auteur.

Quand un voyageur a rencontré dans les steppes africaines une bête horrible, et que, sous l'impression de son épouvante, il fait le récit de cette rencontre, on est disposé, — je ne dis pas à mettre en doute sa bonne foi, — mais à croire qu'il parle avec exagération de l'aspect farouche et monstrueux de l'animal.

Je suis ce voyageur:

Il m'a fallu parcourir l'histoire et les œuvres de celui qu'on appelait, il y a quatre-vingt-dix ans, le patriarche de Ferney. J'ai vu le monstre, et je raconte.

Croyez ce qu'il vous plaira.

L'éducation du fils de l'ancien notaire fut confiée d'abord à l'un de ces hommes, trop communs au dix-huitième siècle, qui portaient le nom d'abbés sans avoir reçu les ordres, et qui intriguaient sans cesse à la cour ou chez les ministres pour obtenir quelque prébende.

On a dit avec raison que ces faux ecclésiastiques étaient la lèpre de notre Église nationale.

Celui dont il est question s'appelait l'abbé de Châteauneuf.

Parrain de l'enfant (¹), il lui apprit à lire

(¹) Le baptême de Voltaire eut lieu le 22 novembre, neuf mois après sa naissance, à l'église Saint-André-des-Arts, ce qui a causé une foule de discussions puériles entre ses biographes, dont quelques-uns arguent de l'extrait de baptême por-

dans les *Contes* de Lafontaine, sur les genoux d'une vieille courtisane incrédule, Ninon de Lenclos, qui s'affola du filleul de l'abbé.

Arouet fils avait douze ans, lorsque Ninon mourut. Elle lui légua une bibliothèque composée de livres impies ou orduriers, annotés de sa main, sans compter deux mille francs qu'elle lui donna pour compléter la collection. Ces volumes et ces notes servirent plus tard au phi-

---

tant cette mention : *né la veille,* pour soutenir qu'il est né, en effet, le 21 novembre. Cela prouve seulement qu'on a jugé à propos de mentir au prêtre pour ne pas encourir ses reproches, et que celui-ci n'examina pas l'enfant de très-près. M. Nicolardot, dans son livre intitulé *Ménage et finances de Voltaire*, fait observer naïvement que, si le prêtre était distrait, le sacristain ne devait pas l'être. Ce n'est pas absolument logique. Dans le cas où le sacristain aurait vu clair, il n'était pas difficile de lui fermer l'œil avec un écu. Ce qu'il y a de certain, c'est que Voltaire a donné plus d'une fois lui-même le 20 avril comme date de sa naissance. S'il a mensongèrement usé de la seconde date, ce ne peut être que dans les innombrables contrats de rentes viagères qu'il eut toute sa vie à signer. Son acte de baptême le vieillissait utilement pour sa bourse.

losophe : ils contribuèrent à former sa conscience et son style.

Du reste, — on doit le publier à sa gloire, — le jeune prodige de la rue des Marmousets promettait déjà tout ce qu'il a tenu.

Envoyé par son père au collége Louis-le-Grand, dont les Jésuites avaient la direction, il y obtint de beaux triomphes classiques. On lui reconnut une intelligence exceptionnelle, mais entachée d'une perversité inouïe et d'un dédain caractérisé pour tout ce qui tenait à l'enseignement religieux. Les pères Porée, Tournemine et le Jay, ses professeurs, ne devinant pas la double empreinte de scepticisme et de libertinage qu'avait reçue fatalement, dès son aurore, grâce à Châteauneuf et à Ninon, cet esprit vif et primesautier, se demandèrent plus d'une fois avec épouvante si le diable avait fait élection de domicile dans le cerveau de leur élève.

On peut dire de Voltaire qu'il ne connut pas l'enfance.

Jamais la candeur, ce parfum de la première jeunesse, ne s'exhala de son âme. Tous les vices, armés de pied en cap, avaient pris possession de sa nature et s'y retranchaient comme dans une citadelle, défiant la vertu de leur enlever le poste, narguant religion, morale, pensées honnêtes, sensibilité, nobles instincts, et les empêchant de planter l'échelle au pied du rempart.

Orgueilleux de ses succès, il fut pour les autres élèves un véritable fléau.

Si on ne lui cédait pas, en été, la première place à l'ombre, et, en hiver, le coin le plus chaud du foyer, le jeune tyran ne manquait pas de les conquérir à coups de pied et à coups de poing.

— Donne-moi ta chaise, et va-t-en! dit-il, un soir, à l'un de ses condisciples installé devant l'âtre, où je t'envoie te chauffer chez Pluton.

— Toi, tu te chaufferas en enfer après ta

mort, riposta celui auquel s'adressait l'apostrophe, attendu que tu es trop méchant pour aller en paradis.

— Imbécile! je me moque du paradis et je ne crains pas l'enfer, répondit Arouet : l'un n'est pas plus sûr que l'autre.

On voit que les *Lettres philosophiques* étaient en germe dans l'esprit de cet aimable enfant.

— En vérité, tu ne vaux rien! lui dit, un jour, le père le Jay, qui le surprit à tenir un langage analogue à celui qu'on vient d'entendre. Si tu continues, tu seras l'apôtre du déisme en France.

Il a été mieux que cela.

Quand ses boutades impies dépassaient les bornes, ou quand ses mœurs dépravées lui attiraient des menaces d'exclusion, Arouet se confessait au père Porée avec toutes les marques du repentir. Il composait des vers latins sur quelques sujets pieux, et arrivait à changer les récriminations de ses professeurs en éloges.

Était-il sincère ou hypocrite ?

Dieu seul pénètre au fond des âmes et peut résoudre un tel problème. (¹)

Au collége des Jésuites, il cultiva la muse française en même temps que la muse latine. Jean-Baptiste Rousseau, l'illustre auteur des *Odes sacrées*, le poète qu'il traita plus tard d'une façon si outrageante, fut son unique maître dans l'art des vers.

Ses classes finies, il se lia de la façon la plus intime avec tout un cercle de jeunes seigneurs débauchés, qui protestaient par l'irréligion et par les plus graves désordres contre les tendances dévotes de la cour. Un déluge de poésies antichrétiennes et de strophes licen-

---

(¹) A diverses époques de sa vie, après avoir imprimé d'abominables livres, Voltaire eut de ces brusques retours religieux. En 1724, attaqué fortement de la petite vérole, il écrit au baron de Breteuil : « M. le curé de Maisons demanda s'il pouvait me voir sans m'incommoder. Je le fis entrer aussitôt, JE ME CONFESSAI, et j'écrivis mon testament, qui ne fut pas long. » (*Œuvres complètes. — Correspondance.*)

cieuses, dues à la plume d'Arouet, inonda les petits soupers de cette troupe cynique. Deux ou trois semaines suffirent pour le rendre la coqueluche des plus fieffés libertins de la capitale.

Il les surpassa tous de prime-abord.

Dans sa famille on essayait de le pousser à la magistrature. On ne lui donnait point d'argent, afin de le dégoûter du métier de poète. Il se moqua de la volonté de son vieux père, ferma l'oreille à ses plaintes, alla remplir sa bourse chez des usuriers, escompta largement son héritage, et put suivre le train de ses compagnons d'orgie.

Ces derniers lui trouvaient une verve sarcastique fort amusante; ils l'excitèrent à toutes les audaces, même à outrager la mémoire de Louis XIV, au moment où les cryptes funèbres de Saint-Denis se refermaient sur le cercueil du vieux roi.

Philippe d'Orléans, qui venait d'être promu

à la régence, envoya le poëte satirique à la Bastille.

Arouet lui-même raconte sa mésaventure :

> Me voici donc en ce lieu de détresse,
> Embastillé, logeant fort à l'étroit,
> Ne dormant point, buvant chaud, mangeant froid,
> Trahi de tous, même de ma maîtresse. (¹)

La position, je l'avoue, était affligeante.

Après un siècle et demi, ces plaintes du rimeur de dix-neuf ans trouveront des échos

---

(¹) Une demoiselle Aurore de Livry, qui lui fut enlevée par Génonville, comme Olympe du Noyer, chantée dans ses œuvres sous le nom de *Pimpette*, lui avait été enlevée par un page d'ambassade. Toutes les maîtresses d'Arouet le trahirent, tant elles étaient révoltées de son cynisme et de son absence de cœur. Les quatre vers que je cite appartiennent à l'épître intitulée *la Bastille*, où l'auteur donne un démenti, sans doute involontaire, mais éclatant, à ses propres mensonges et à ceux de ses amis. La pièce qui insultait le feu roi, dénoncée au duc d'Orléans par le lieutenant-général de police, Voyer d'Argenson, avait pour titre les *J'ai vu*. Elle se terminait par ce vers :

> J'ai vu ces maux, et je n'ai pas vingt ans !

Or, dans la suite, il fut de toute nécessité de nier cette folle

sympathiques dans l'âme de ceux qui lui ressemblent, je veux dire chez les natures dont le vice est le principal élément, qui n'ont d'autre but, ici-bas, que les jouissances grossières et le plaisir immonde, — cœurs lâches pour le bien, intrépides pour le mal, systématiquement hostiles à tout ce qui gêne leurs penchants détestables : à la religion, parce qu'elle flétrit le matérialisme et ses coryphées; au pouvoir, parce qu'il maintient et protége ce qu'ils veulent détruire.

Voltaire conduit à la Bastille pour avoir insulté la tombe de Louis XIV et vilipendé l'Église, quel abus !

---

attaque, aussi contradictoire que possible avec la brillante apologie du *Siècle de Louis XIV*. Seulement, on songea trop tard au désaveu. Les anciens écrits faisaient foi. Arouet, en racontant son incarcération, ne dit pas un mot de son INNOCENCE, et oublie de répudier la pièce qui l'a jeté sous les verroux, — preuve concluante de sa culpabilité. Je mentionne ce fait, parce qu'il vient à l'appui de plusieurs autres dans l'étude qu'il est important de compléter sur le caractère de l'homme.

Heureusement le marteau révolutionnaire a démoli de fond en comble la noire forteresse, et les écrivains qui attaquent, de nos jours, la moral publique, le trône et l'autel, ont, Dieu merci, leurs coudées franches.

Du reste, monseigneur le régent n'était pas homme à laisser pourrir le prisonnier dans son cachot pour une semblable peccadille.

On finit par trouver au Palais-Royal cette satire contre Louis XIV à peu près inoffensive, et, non-seulement Philippe rendit à l'auteur sa liberté, mais il lui accorda une pension de deux mille livres sur sa cassette.

Le fils du receveur des amendes à la chambre des comptes ne s'en appliqua pas moins à jouer le rôle de victime. Il fallait bien intéresser le public à son illustre personne. Exagérant en prose et en vers les tortures d'une captivité de onze mois, et déclarant qu'il avait eu trop d'infortunes sous son nom patronimique, il prit celui d'un petit domaine maternel, situé aux environs de Châtenay.

Son premier ouvrage sérieux, la tragédie d'*Œdipe*, est signé DE VOLTAIRE.

A cette époque, les pièces tragiques ne se donnaient pas avec les costumes grecs ou romains. Princes et princesses, confidents et confidentes s'habillaient à la dernière mode de la cour. Œdipe portait le catogan, la culotte courte et l'habit brodé. Cet anachronisme burlesque n'empêchait pas nos aïeules, nobles ou bourgeoises, de larmoyer aux tirades de Melpomène.

Quelqu'un dit à Voltaire, le soir de la première représentation de son œuvre :

— Vous avez un beau succès : la duchesse de Villars fond en larmes dans sa loge.

— Allons donc, s'écrie-t-il, est-ce possible? Je n'entends pas qu'on m'accuse d'avoir gâté les plus beaux yeux du monde. Faisons-la rire!

Prenant aussitôt la queue du manteau du grand-prêtre, il franchit la coulisse à la suite de l'acteur, et l'accompagne avec toutes sortes de gestes ridicules et de grimaces de mauvais goût.

On murmure au parterre et dans les loges.

Il continue la plaisanterie, au risque de faire tomber sa pièce, achevant de prouver aux spectateurs stupéfaits que chez lui le poète tragique était doublé d'un bouffon, — ce qu'on ignorait encore.

IV

Qui se ressemble s'assemble. — Lord Bolingbroke. — Une scène de bastonnade.

La duchesse de Villars fut très-flattée, lorsqu'à la fin de l'acte on vint lui raconter l'anecdote.

Elle appela Voltaire dans sa loge d'avant-scène, lui donna gracieusement à baiser la plus jolie main du monde, le reçut ensuite chez elle et ne contribua pas peu à le mettre à la mode.

Bonne duchesse !

Ils ont travaillé tous, en ce temps-là, hommes et femmes, nobles et princes, à donner l'essor au vautour qui devait leur ouvrir la poitrine et leur manger le cœur.

A dater de ce moment, il n'y eut plus de fêtes sans Voltaire.

Une caste dépravée accueillait avec des sourires et des cajoleries cet échappé de collége, auquel l'impertinence poussait avant la barbe et l'orgueil avant le mérite, qui riait de tout, se moquait de tout, ne croyait à rien en dehors des joies de la débauche et du délire des sens, versifiait après l'orgie à bâtons rompus, jetait ses hémistiches à tort et à travers, improvisait une épître irréligieuse au salon, chantait à table des couplets libertins, écrivait au boudoir un conte obscène, prodiguait l'épigràmme aux hommes et l'insulte à Dieu.

Chacun le trouvait charmant.

On le prenait pour un caméléon, c'était une

vipère. Sous la variété multiple des nuances il cachait du venin. Jamais il ne laissait échapper une occasion de compromettre une maîtresse ou de chansonner un ami.

Le régent, qui le pensionnait, ne fut pas plus épargné que les autres.

Des strophes où l'on faisait rimer, si je ne me trompe, *Berry* avec *mari* et *leste* avec *inceste*, tombèrent entre les mains de Philippe, qui ne se fâcha qu'à moitié, soit par comble de cynisme, soit qu'il craignît de sanctionner en quelque sorte par trop de rigueur ces rimes audacieuses. Il exila Voltaire en province, et celui-ci courut de châteaux en châteaux, d'intrigues en intrigues, papillonnant, raillant, polissonnant sur tous les rhythmes et promenant sa muse comme une gourgandine.

Tout à coup ce coureur d'aventures, qui jusqu'ici ne semblait destiné qu'aux succès éphémères de l'engouement et de la mode, se fixa au château de la Source chez un Anglais philosophe.

Lord Bolingbroke, sorte de Spinosa doublé de Machiavel, brouillon politique chassé de Londres et dépouillé de ses biens par arrêt du parlement, s'était retiré en France, où il s'ennuyait à périr. Il détestait le pays comme tous les individus de sa nation, très-offusqué, d'ailleurs, de voir pratiquer sous ses yeux la religion catholique, dont il était personnellement l'adversaire.

A cette époque, il écrivait un traité sur le déisme et cherchait à saper les bases de la révélation.

Jugeant Voltaire au premier coup d'œil, il comprit tout le mal qu'une nature de ce genre pouvait causer un jour, et chercha sérieusement à la diriger.

— Le premier soin d'un homme d'esprit, dit-il au poète, doit être de conquérir son indépendance. Avant tout, *my dear*, soyez votre maitre et faites fortune. L'or seul, ici-bas, donne de l'aplomb. Je ne sais rien de plus triste qu'une bourse vide et un cerveau plein. Suivez mon conseil. Pour attaquer la puissance, attendez qu'elle soit dans l'impossibilité de vous nuire.

Voltaire crut entendre la voix de la sagesse même. Il s'empressa d'écrire au régent une longue épître, dont voici quelques passages :

> Prince chéri des dieux, toi qui sers aujourd'hui
> De père à ton monarque, à son trône d'appui,
> Toi qui de tout l'État portant le poids immense
> Immoles ton repos à celui de la France...
> . . . .
> D'un exil rigoureux tu m'imposes la loi ;
> Mais j'ose de toi-même en appeler à toi.
> . . . .
> C'est ainsi qu'on dira chez la race future :
> Philippe eut un cœur noble ami de la droiture ;
> Affable avec noblesse et grand avec bonté,
> Il sépara l'orgueil d'avec la majesté,
> Et le dieu des combats et la docte Minerve
> De leurs présents divins le comblaient sans réserve.

Éloges bien sentis, pompeuses louanges, qui forment le plus agréable contraste, d'abord avec le caractère historique du prince, aujourd'hui trop connu, puis avec les sanglantes diatribes, qui doivent s'échapper de la plume du poète, lorsqu'il se transformera plus tard en ogre démocratique.

Se rappelant, dans cette pièce curieuse, qu'on lui a pardonné ses anciennes injures à Louis XIV, il prend occasion de les renouveler, porte la bassesse de la flatterie au comble, et ne craint pas d'exalter la gloire de Philippe au détriment de celle du grand roi.

> En éloges enfin le Parnasse épuisé
> Répète ses vertus sur un ton presque usé.
> L'encensoir à la main, la docte Académie
> L'endormit cinquante ans par sa monotonie.
> Rien ne nous a séduits. En vain en plus d'un lieu
> Cent auteurs indiscrets l'ont traité comme un dieu.
> De quelque nom sacré que l'Opéra le nomme,
> L'équitable Français ne voit en lui qu'un homme.
> Pour lui dresser un temple on ne nous verra plus
> Dégrader les César, abaisser les Titus.

Niant ensuite avoir écrit un seul des vers

qui lui sont imputés, et se comparant à Michel-Ange avec une modestie pleine de grâce, il ajoute :

> Philippe, quelquefois sur une toile antique,
> Si ton œil pénétrant jette un regard critique,
> Par l'injure du temps le portrait effacé
> Ne cachera jamais la main qui l'a tracé.
> D'un choix judicieux dispensant la louange,
> Tu ne confondras pas Vignon et Michel-Ange.
> Prince, il en est ainsi chez nous autres rimeurs,
> Et si tu connaissais mon esprit et mes mœurs,
> D'un peuple de rivaux l'adroite calomnie
> Me chargerait en vain de leur ignominie ;
> Tu les démentirais, et je ne verrais plus
> Dans leurs crayons grossiers mes pinceaux confondus. (¹)

On devine que Philippe ne résista pas à une

(¹) Le roi de Prusse, dans son éloge académique, dit que les vers contre le régent avaient été faits par un nommé Lagrange. Un autre admirateur très-partial de Voltaire, M. Beuchot, assure qu'ils étaient d'un certain Louis-Antoine Lebrun. Auquel croire? Le mensonge a cela de bon qu'il n'est jamais d'accord avec lui-même. On aura plus loin la preuve que Voltaire a constamment voulu mettre sur le compte d'autrui les œuvres qui pouvaient lui attirer des désagréments ou des poursuites.

flagornerie si touchante et à un désaveu si net.

L'ordre d'exil fut révoqué.

De retour à Paris, Voltaire fit jouer sa tragédie d'*Artémise* et sa comédie de l'*Indiscret*, chefs-d'œuvre douteux pour lesquels le public ne montra qu'un médiocre enthousiasme.

Achevant de suivre les conseils de Bolingbroke, il encensa le Palais-Royal et sa cour immonde, ne donna plus aucun sujet de plainte à Philippe, lui prêta sans rire les vertus de Marc-Aurèle, appela ses filles des Lucrèces, — mais sans oser imprimer l'épithète, par un reste d'égard pour la vraisemblance, — et entretint, pendant plusieurs voyages qu'il fit en Hollande, un commerce épistolaire licencieux avec l'ancien précepteur, devenu cardinal-ministre.

Au décès du régent, notre estimable poëte, qui n'exécrait pas encore les monarchies, fut un des flatteurs les plus empressés de Louis XV.

Il composa de pompeux épithalames pour le mariage du maître avec la princesse de Pologne, et obtint de la jeune reine une pension de quinze cents livres.

La fortune, à laquelle ce singulier ami de l'indépendance présentait un sac béant, y jetait les écus en véritable aveugle, qu'elle ne cessera jamais d'être.

Voltaire achevait la *Henriade* et spéculait sur les grains; il écrivait sa tragédie de *Mariamne* et prenait des actions à la fourniture des vivres de l'armée. Le biribi lui offrait constamment des chances heureuses, il n'oubliait pas d'y jouer sept fois par semaine. D'autre part, il traitait ses libraires de Turc à More, et ne livrait un manuscrit qu'à bon escient.

Bref, il s'enrichissait par toutes les voies licites ou illicites, n'étant pas le moins du monde gêné par sa conscience.

Outre les succès financiers, il conservait les succès de boudoir et rivalisait avec Fronsac, plus jeune que lui de quelques années, mais aussi profondément corrompu.

Par malheur, un triste accident arrêta le spéculateur-poète dans ce chemin semé d'or et de roses.

Déjà fort orgueilleux lorsqu'il était pauvre, Voltaire, se voyant presque riche, dépassa toutes les bornes de l'outrecuidance connue, et se fit parmi les nobles des ennemis puissants.

Un soir qu'il se trouvait chez mademoiselle Lecouvreur (1), avec certains hauts personnages, au nombre desquels étaient le duc de Sully et le chevalier de Rohan, ce dernier s'offusqua de l'entendre soutenir, avec un ton de sarcasme et de persiflage très-voisin de l'impolitesse, une opinion contraire à la sienne.

---

(1) Autre maîtresse, dont la réputation eut à souffrir de ses extravagances et de son orgueil. Il était furieux, parce que les femmes de chambre de la tragédienne le faisaient descendre par le petit escalier, pour qu'il ne rencontrât point Maurice de Saxe, qui montait par le grand.

— Vous parlez bien haut, jeune homme, lui dit-il. Comment vous appelez-vous?

— Peu vous importe, répond effrontément le poète. Je suis le premier de mon nom, vous êtes le dernier du vôtre.

Toute la société intervient au plus vite, mais pas assez tôt pour empêcher le chevalier de Rohan de lever la canne sur Voltaire, qui lui crie :

— Sont-ce là vos armes?

Impossible de les apaiser l'un et l'autre.

Quelques jours après, l'auteur d'*Œdipe* est invité à dîner chez le duc de Sully, et l'amphitryon s'efforce, mais en vain, de le décider à faire des excuses au chevalier de Rohan. Voltaire ne veut rien entendre. Le repas terminé, il prend congé de son hôte. Mais à peine a-t-il franchi la porte-cochère que plusieurs inconnus l'accostent brusquement. Deux le saisissent au collet, un troisième lui administre une forte volée de coups de bâton, et Rohan qui, d'un coin obscur, assistait à la scène, se montre tout à coup, s'incline d'un air ironique, et dit au battu :

— Oui, Monsieur, avec un insolent de votre espèce, jusqu'à nouvel ordre, ce sont là mes armes!

V

Départ pour l'exil. — Ce qui attira de plus en plus au Christianisme le désagrément d'avoir pour ennemi M. de Voltaire. — Origine authentique des libres-penseurs.

On a longuement discuté là-dessus pour et contre.

Les admirateurs du philosophe ne digèrent pas encore aujourd'hui ces irrespectueux coups de bâton, appliqués sur son illustre omoplate.

Quelque haut placé qu'on soit par la naissance, on est impardonnable de frapper un citoyen, même en supposant que celui-ci l'eût mérité. La loi ne tolérait pas plus au dix-huitième siècle qu'elle ne tolère au dix-neuvième cette justice personnelle et sommaire.

Néanmoins il y avait en faveur de Rohan des circonstances atténuantes.

D'abord il était l'offensé.

Tout le monde savait, en outre, qu'une chute grave le rendait pour le moment incapable de se battre en duel. L'agresseur ne voulait pas entendre parler d'excuses, et en pareille affaire il était impossible de recourir aux tribunaux.

Quel parti prendre?

Beaucoup de gens approuvèrent la correction et ne la trouvèrent pas exagérée.

On commençait à dire un peu partout que M. de Voltaire allait infiniment trop loin dans ses écrits. Une première édition de son poème sur Henri IV (édition incorrecte et publiée par surprise, affirment certains critiques, peu au courant des ruses de l'auteur) s'avisait de ressusciter, après treize siècles, les hérésies de Pélage au sujet du libre arbitre, du péché originel et de la grâce.

Lorsque M. de Voltaire voulut réimprimer son œuvre, non pour la rendre moins hérétique, mais pour enlever les incorrections, la plainte unanime du clergé décida les censeurs à refuser le privilége.

Il eut alors recours au roi, et l'importuna de requêtes, en le suppliant de vouloir bien accepter la dédicace de la *Henriade*.

Mais Louis XV lui fit dire de le laisser en repos.

Tout ce scandale avait précédé la querelle avec Rohan et ne mettait pas les rieurs du côté du poète.

Humilié profondément, celui-ci s'adressa aux plus adroits spadassins de la capitale, pour se fortifier dans l'art de l'escrime, et s'appliqua nuit et jour à étudier la langue anglaise, comptant chercher refuge à Londres lorsqu'il aurait tué son ennemi.

Or, ces préparatifs homicides furent dénoncés à la famille de Rohan.

La mère du chevalier, très-inquiète, et sachant que son fils, guéri de sa chute, ne refuserait pas de se battre, prit le parti d'empêcher toute espèce de rencontre, en montrant au duc de Bourbon, premier ministre, une épigramme spirituelle, mais excessivement blessante, lancée contre lui par l'auteur de la *Henriade*. On envoya de nouveau, et sans aucun scrupule, M. de Voltaire à la Bastille.

C'était la prison des nobles et des bourgeois de première classe. Tout le monde n'avait pas l'honneur d'y être écroué.

Au bout de six mois, on lui permit d'opter entre un plus long séjour dans la forteresse ou son départ pour la Grande-Bretagne. Il n'hésita pas un instant et choisit l'exil.

Voilà comment le plus célèbre des philosophes du dix-huitième siècle reçut la bastonnade et la garda. (¹)

Bolingbroke était retourné à Londres.

Le parlement venait de casser l'ordonnance qui tenait la fortune du noble lord sous le sequestre. Voltaire était donc assuré de trouver au delà du détroit, non-seulement un hôte fas-

---

(¹) Ce ne fut pas, du reste, le seul accident de ce genre que lui attirèrent ses insolences. Paul Poisson, le premier crispin de la Comédie-Française, administra, un soir, en plein foyer des acteurs, un magnifique soufflet à l'auteur d'*Œdipe*. Quelques années plus tard, au pont de Sèvres, se trouvant face à face avec un officier qu'il avait outragé dans une satire, Voltaire fut gratifié, séance tenante, d'une balafre assez grave. Il attaqua le sabreur... en justice, et obtint un dédommagement de mille écus. Vers la fin de 1728, pendant son séjour à Londres, un libraire de cette ville le bâtonna beaucoup plus vigoureusement que le chevalier ne l'avait fait en France, et lui jura de recommencer chaque fois qu'il le rencontrerait. On pense que ce fut la raison principale qui le décida à repasser la Manche, malgré l'arrêt d'exil porté contre lui, et à se tenir caché, tantôt à Paris chez madame de Fontaine-Martel, tantôt à Rouen. (*Recueil des particularités curieuses de la vie et de la mort de Voltaire*, par Élie Harel. — Bibliothèque Mazarine.)

tueux, mais un admirateur sans restriction qui l'encouragerait dans tous ses excès de plume.

A aucune époque de sa vie, ce grand écrivain ne put supporter la critique.

S'il est vrai qu'un père s'aveugle toujours sur le mérite et les qualités de ses enfants, l'auteur de la *Henriade* fut doublement père. Il avait des mirages d'amour-propre de la plus incompréhensible extravagance, et mettait son poème bien au-dessus des épopées d'Homère et de Virgile, — appréciation folle et tout à fait personnelle, dont la postérité s'écarte beaucoup.

Quant aux impiétés de l'œuvre, c'était, comme on le devine, ce à quoi M. de Voltaire tenait le plus.

Les reproches du clergé, principalement de l'épiscopat, joints à l'audace de vouloir brider une plume indépendante qui proclamait des doctrines subversives du Catholicisme, lui parurent tellement inouïs, qu'il jura de châtier évêques et prêtres, en faisant disparaître l'Évangile de la surface du globe.

Bolingbroke pleura d'attendrissement, lorsqu'il vit arriver son disciple avec des dispositions aussi héroïques.

A cette époque, il y avait à Londres une association d'hommes irréligieux, organisée sur des bases solides, ayant ses statuts en règle, ses séances régulières et toutes les affiliations voulues pour exercer une active propagande.

Elle s'appelait l'Académie des *Libres-penseurs.*

J'en suis désolé pour ceux de mes compatriotes qui, de nos jours, prennent la même qualification et s'imaginent qu'elle est pour eux un titre de gloire; mais ils sont tout simplement les copistes de ces honnêtes Anglais, dont la plus grande joie a toujours été et sera toujours de nous envoyer la peste.

Sur les ruines du Catholicisme en Angleterre s'éleva, comme on le sait, le temple de la liberté religieuse.

Une foule de doctrines contradictoires transformèrent le royaume tout entier en une véritable Babel de fanatisme et de discorde.

Bientôt l'incrédulité naquit de la divergence même des sectes.

Le comte de Shaftesbury, — fils du courtisan corrompu, qui servit et trahit Charles Ier, joua le parlement, exploita Cromwell et moissonna les faveurs de la Restauration, — ne valait pas mieux que son père. Il lui était difficile de brouiller l'ordre politique sous l'administration forte et vigilante de la reiné Anne; mais, en revanche, il s'appliqua de tout son pouvoir à augmenter la confusion dans le camp religieux. Ayant eu Locke pour précepteur, il tira les conséquences directes de l'*Essai sur l'entendement humain*, et arriva dans ses propres ouvrages à la négation pure et simple de la vertu.

Bref, il leva le premier, au dix-huitième siècle, l'étendard de la révolte contre le Christ.

Ses publications firent scandale ; il fut chassé de Londres par la reine.

Immédiatement l'écrivain en disgrâce eut d'un bout à l'autre de l'Angleterre des partisans nombreux. Mathieu Tindal, soldat de Marlborough, quitta le service, après avoir lu les œuvres de Schaftesbury, se déclara son disciple et le continuateur de sa doctrine, sapa les dernières bases de la foi, nia la révélation et proclama le déisme. Il avait été beaucoup plus loin que son maître, et il fut dépassé à son tour par un de ses élèves, Irlandais transfuge du Catholicisme, apostat presbytérien, et définitivement athée. Jacques Toland ne se borna pas à nier les dogmes de l'Église, il attaqua jusqu'aux principes de la religion naturelle, déclara l'immortalité de l'âme une chimère, et soutint que tout homme raisonnable devait s'abstenir de croire en Dieu.

Telle est inévitablement et fatalement la

marche des esprits, le jour où ils suppriment le guide et renversent le flambeau.

De ces trois chefs de l'incrédulité, Voltaire, en arrivant chez les Anglais, ne trouva plus que le vieux Tindal, septuagénaire et cacochyme. Toland, persécuté par les tribunaux, venait de mourir dans une détresse profonde, et Naples avait déjà, depuis quinze ans, scellé la tombe de Shaftesbury sur la terre d'exil.

Mais à Londres même ces écrivains impies avaient de dignes successeurs, que Bolingbroke se hâta de présenter à son ami de France.

Antoine Collins et Jonathan Swift publiaient, l'un sa métaphysique infâme, l'autre ses contes cyniques et remplis de blasphèmes.

Ils étaient les membres les plus actifs de l'Académie fameuse dont j'ai parlé plus haut, s'appliquant à réchauffer tout le fatras d'objections absurdes, que les vieux ennemis de la foi catholique avaient entassées contre elle dans les premiers siècles, et se gardant bien d'y accoler la triomphante réfutation des Pères de l'Église.

Voltaire alla s'asseoir sur les bancs de cette consciencieuse école.

Apprenant des philosophes anglais à recoudre les lambeaux épars des hérésies primitives, il nia la divinité de Jésus avec les Nazaréens, altéra l'Évangile avec les Ébionites, accorda une sympathie chaleureuse à Simon le Magicien et à Philon le Juif, applaudit aux Gnostiques, souffla sur la cendre d'Arius et de Manès, et prodigua toutes ses admirations à Julien l'Apostat.

Ce recueil de notes sacriléges une fois au grand complet, le futur démolisseur du Christianisme ne tenait qu'à moitié sa vengeance.

Jurant d'écraser les prêtres, il voulait en même temps écraser les rois, pour les punir de prendre contre lui la défense de la religion. Ses amis les libres-penseurs le menèrent sous l'échafaud de Whitehall, où il trouva des armes démocratiques toutes fraîches, et qui avaient prouvé la finesse de leur trempe.

La tragédie de *Brutus,* premier coup de Jarnac porté aux principes monarchiques, est contemporaine du séjour à Londres.

Voltaire joignit ce brûlot tragique au reste de son bagage.

Bolingbroke lui recommanda de nouveau de ne pas commencer la lutte, avant d'avoir, comme retranchement, une fortune bien nette et bien liquide.

— Quand vous lancerez un tison sous les tentes ennemies, lui dit-il, n'attendez jamais que le feu éclate. Faites atteler des chevaux à une berline, gorgez d'or les postillons, fuyez à grandes guides, et allez vivre en prince à l'étranger, laissant à d'autres le soin de propager l'incendie. On peut de cette manière, pendant que le tison flambe, en préparer d'autres en **toute sécurité.**

Le diable n'aurait pas mieux dit.

Voltaire avait environ cent mille livres qui lui restaient, moitié de l'héritage de son père, moitié de ses anciennes spéculations. Cela ne suffisait pas, au jugement de Bolingbroke, pour tenter un grand coup.

Sans plus de retard, on imprime une splendide édition de la *Henriade*.

Elle se vend à très-haut prix, et la cour entière veut y souscrire. Une dédicace à la jeune reine, femme de George II, stimule le patriotisme anglais.

Toutes les escarcelles se vident au profit de l'auteur.

Muni d'une sacoche très-gonflée, Voltaire passe la Manche (1), arrive en France incognito,

---

(1) Il y a ici une lacune dans toutes les biographies publiées à l'éloge de l'homme, et cette lacune est évidemment volontaire. On ne s'explique pas que l'auteur de la *Henriade*, dont l'exil venait d'être confirmé, grâce à une épitre envoyée de Londres, à l'occasion de la mort de mademoiselle Lecouvreur,

et consacre l'or qu'il apporte à prendre des billets à une loterie monstre, autorisée par le gouvernement pour l'extinction des dettes de la ville de Paris.

Il gagne plusieurs lots considérables, risque de nouveau le tout pour le tout en jouant sur les blés de Barbarie, profite d'une hausse extravagante pour réaliser au port de Marseille, empoche près d'un million et réussit à le tripler, soit dans les fournitures de l'armée d'Ita-

---

— épître où il insultait les prêtres, parce qu'ils avaient refusé à l'actrice la sépulture chrétienne, — on ne s'explique pas, dis-je, qu'il ait eu précisément à cette époque la hardiesse de rentrer en France. D'après la brochure de M. Élie Harel, il aurait été chassé d'Angleterre. Pourquoi? Il est à présumer qu'après l'exploitation féconde de son poème, il essaya, pour complaire à Bolingbroke, ennemi du ministère Walpole, de publier un pamphlet, qu'un éditeur patriote eut hâte d'aller dénoncer au ministre. Cette version expliquerait la querelle avec le libraire de Londres, la seconde bastonnade, le retour forcé du poète en France et sa retraite mystérieuse soit à Paris, soit à Rouen, chez M. de Cideville et le libraire Jore.

lie, soit par d'audacieuses manœuvres d'agiotage sur le commerce de Cadix.

— Bravo ! commencez la bataille ! lui écrivit Bolingbroke.

VI

Madame du Chastelet. — Un livre brûlé en place de Grève. — Histoire édifiante du grand philosophe avec un libraire. — Quelle idée lui vint, après avoir visité à Domremy la maison de Jeanne d'Arc.

On voit que ce fut une autre guerre punique, suscitée par la Carthage moderne contre la France.

Il est bien évident que cette catapulte à sarcasmes et à traits empoisonnés, dont la terrible manœuvre dura, chez nous, plus d'un demi-siècle, organisa ses ressorts à Londres et y reçut sa charge entière de projectiles.

Toute la philosophie odieuse, toutes les pourritures chroniques d'une nation, qui peut vivre impunément sous sa lèpre, parce que ni l'électricité de l'esprit, ni la fièvre de l'enthousiasme ne lui chauffent le sang et ne la disposent à la gangrène, — tout son virus, tous ses principes morbides furent inoculés à M. de Voltaire.

La gale anglaise passa dans son âme à l'état aigu.

On sait que le malheureux la communiqua presque aussitôt à ses contemporains, — ce qui fait que, de nos jours, tant de gens se grattent encore.

Ainsi, pour me servir de l'expression de Bolingbroke, voilà son ami en mesure de commencer la bataille. Pendant cinquante-quatre ans le dix-huitième siècle entendra prêcher les doctrines anti-chrétiennes qu'un poète battu vient d'étudier Outre-Manche.

En vérité, ce fut un étrange apôtre, et qui

eut grand soin de ne pas s'exposer au martyre.

Les ennemis du Christianisme eux-mêmes, quand il leur reste une simple nuance de bonne foi et une bribe de sens moral, ont le plus profond mépris pour ce lâche soldat du mensonge, qui, d'un bout à l'autre de sa longue carrière, joua le rôle du Parthe, frappant à l'improviste, n'attaquant jamais qu'à coup sûr, et prenant la fuite après avoir lancé sa flèche.

Il n'y a pas de cœur honnête qui ne se révolte contre cet empoisonnement systématique d'un peuple par une main constamment insaisissable, et qui s'était appliquée d'avance à conquérir l'impunité.

Voltaire publia les *Lettres anglaises* en 1733.

Ses amis de Londres durent être dans l'allégresse. Il est impossible de déployer contre la religion chrétienne une haine plus aveugle et plus atroce.

Paralogismes flagrants, infidélités historiques

perpétuelles, épigrammes tenant lieu d'argumentation, rage forcenée contre l'Église, voilà ce qu'on y trouve de la première page à la dernière. Il préconise les sectes les plus bizarres, les cultes les plus insensés; il évoque les divinités du paganisme les plus corrompues et leur accorde l'encens qu'il refuse au Christ.

C'est le même ouvrage qui fut connu depuis sous le nom de *Lettres philosophiques*.

Il eut deux éditions presque simultanées, l'une à Londres, effrontément vendue en plein soleil; l'autre imprimée en France dans les ténèbres d'une presse clandestine. Propagée par des complices de l'auteur, cette seconde édition fut bientôt chez tous les incrédules qui, à leur tour, eurent soin de la répandre.

A cette époque, Voltaire continuait d'être sous le coup de son arrêt de bannissement. La police, qui le savait à Paris, fermait les yeux, et les tragédies d'*Eryphile*, de *Zaïre*, d'*Adélaïde Duguesclin*, représentées avec éclat sur la scène

Française, réveillaient en sa faveur l'engouement de la classe noble, surtout de la partie féminine de cette classe.

D'impudentes et folles créatures, oubliant tout pour cet homme qui n'aima jamais, acceptaient publiquement la honte de lui appartenir.

La plus célèbre des maîtresses de Voltaire fut Émilie le Tonnelier de Breteuil, marquise du Chastelet, sorte de précieuse doublée de courtisane. Elle avait beaucoup de prétentions à la science astronomique, posait très-souvent le compas d'Uranie pour dénouer la ceinture de Vénus, et s'appliquait à résoudre des problèmes de géométrie transcendante, après avoir folâtré sur le sopha de Ninon.

Cette aimable mathématicienne était mariée à un lieutenant-général des armées du royaume.

Son époux, du reste, la laissait libre, afin de donner lui-même un plus complet essor à sa vie de désordre. Madame du Chastelet sacrifia la décence de la femme et l'honneur du nom à la gloire très-contestable de passer à la postérité sous le manteau d'un philosophe impie.

Nous la trouvons, en cette même année 1733, installée avec son amant dans une maison du quartier Saint-Antoine, près de Saint-Gervais.

Usant de son influence chez les ministres pour empêcher qu'on inquiétât l'auteur des *Lettres anglaises*, elle distribuait le volume en catimini aux amateurs de scandale, tout en jurant ses grands dieux que l'auteur n'était pour rien dans la publication du livre, et qu'on l'avait imprimé sans son assentiment.

La justice ne se laissa point prendre à ce manége. Une lettre de cachet fut lancée, et l'ami de Bolingbroke eut le temps bien juste de suivre le conseil qui lui avait été donné à Londres, en fuyant à grandes guides du côté de la Lorraine.

Il était décrété de prise de corps.

Messieurs de la grand'chambre instruisirent le procès. On condamna l'ouvrage qui fut brûlé en place de Grève.

Riche à plus de cent mille livres de rente, et préférant la vie de Paris à toute autre, M. de Voltaire n'était pas flatté de courir le monde. On a eu quelques motifs plausibles d'expliquer son désir de rentrer en France par les craintes que la passion de l'avarice lui suggérait. Son inquiétude était grande, lorsqu'il songeait à ses fonds placés de droite et de gauche, et surveillés par des tiers dont la probité lui semblait peut-être douteuse. Quelques débiteurs, médiocrement scrupuleux, ne profiteront-ils pas des poursuites dont il est l'objet pour retarder leurs paiements, ou même pour ne rien payer du tout? Il s'évertua donc, si ce n'est à répudier son œuvre, du moins à essayer de convaincre les juges qu'il avait été victime d'un abus de confiance.

Ses lettres de cette année-là, écrites de Belgique ou de Hollande, accusent positivement un nommé Jore, libraire à Rouen, d'avoir publié sans son aveu le livre condamné.

M. de Voltaire a vécu quatre-vingt-quatre ans sans reculer devant n'importe quel mensonge (¹). C'est lui qui a lancé aux Encyclopédistes cette phrase monstrueusement perverse : « Mentez toujours, il en restera quelque chose ! » Le mensonge était son élément, son unique religion, son immuable système.

Il l'appliquait à ses écrits, il l'appliquait à sa conduite.

(¹) Une seule preuve entre mille. Dans les *Lettres anglaises*, il affirme avec le plus infernal aplomb que saint Jean, le disciple cher au cœur du Christ, et celui qui par conséquent doit être le mieux renseigné sur la doctrine du divin Maître, n'a JAMAIS PARLÉ de l'Eucharistie, — et, en ouvrant l'Évangile de cet apôtre (chapitre VI, verset 52), voici ce qu'on trouve : « *Le pain que je donnerai pour la vie du monde est ma propre chair. Ma chair est véritablement une nourriture et mon sang un breuvage. Celui qui mange ma chair et boit mon sang demeure en moi et je demeure en lui.* » Qu'on juge après cela de la bonne foi de M. de Voltaire et de la sottise de ceux qui l'ont cru sur parole.

Dans l'affaire de Jore comme dans la plupart des actions de sa vie, il a été convaincu de déloyauté manifeste et de criminelle imposture.

Jore était un libraire de Rouen, pourvu d'une maîtrise, homme actif, rempli de prudence et grand ami du travail. Un beau jour, il entre en relation avec M. de Voltaire par l'entremise d'un conseiller au parlement de Rouen, appelé Cideville. On demande à Jore s'il veut publier un volume de l'auteur de la *Henriade*. Il accepte, mais en spécifiant qu'on aura soin de se mettre en règle avec la loi.

Voltaire promet de lui obtenir l'autorisation voulue, et s'installe dans la maison même du libraire pour commencer l'ouvrage.

Ce fut donc à Rouen, où il demeura sept mois, qu'il écrivit ses fameuses *Lettres*, corrigea *Brutus* et ébaucha l'*Histoire de Charles XII*. Son ami Cideville et un sieur Thiriot lui servaient d'hommes d'affaires, soit pour l'aider dans les diverses éditions de ses œuvres, soit pour lui prêter un concours utile dans les spéculations qui l'enrichissaient.

Tout le monde le croyait retourné à Londres.

Il revient secrètement à Paris chez madame de Fontaine-Martel, où il termine le volume des *Lettres anglaises* et en fait prendre copie double.

Thiriot part pour Londres avec un manuscrit.

L'auteur invite Jore à venir le trouver, lui assure que toutes les permissions sont obtenues, et lui donne la seconde copie, que le pauvre libraire, plein de confiance, emporte à Rouen.

Sur les entrefaites, l'édition anglaise se publie et fait scandale.

On prévient Jore, de la part de M. de Voltaire, qu'il ait à mettre ses volumes à l'abri d'une descente de justice et à les porter chez M. de Cideville, qui lui acquittera le montant des frais d'impression. Le plan du loyal auteur se devine. Il veut tenir l'édition, pour la répandre lui-même, sans risque personnel, sous le manteau de l'innocent libraire.

Jore, sans voir précisément le piége, déclare qu'il ne se dessaisira de rien à moins qu'on ne lui délivre un certificat de la permission.

Voltaire alors change de tactique.

Il demande deux exemplaires en feuilles, sous prétexte de corriger les passages dangereux et de les remplacer par des cartons. On lui donne ces exemplaires, et aussitôt il les porte à relier chez un éditeur de Paris, qui venait de publier *Charles XII*.

A l'instant même cet éditeur imprime une édition des *Lettres*, avec le nom du libraire rouennais (¹). Une seconde édition paraît en-

---

(¹) « Est-il vraisemblable, dit Jore dans son *Mémoire*, que, pour relier un livre, Voltaire se soit adressé, non à son relieur, mais à un libraire; qu'il ait livré un ouvrage qui pouvait causer ma ruine, et qu'il devait regarder comme un dépôt sacré? D'ailleurs, par qui ce libraire a-t-il pu être informé que l'exemplaire sortait de mon imprimerie? Qui a pu en instruire une personne qui, avant que l'édition de ce libraire

suite en Hollande, toujours avec ce titre : *Lettres anglaises par M. de Voltaire, à Rouen, chez Jore,* — et l'infortuné libraire est jeté dans un cachot de la Bastille ; on lui enlève sa maîtrise, il est ruiné de fond en comble.

Voilà les faits dans leur exactitude la plus scrupuleuse.

De nos jours, avec la publicité que la presse donne aux débats des tribunaux, un homme coupable d'une pareille action ne se relèverait jamais du mépris public.

parût, vint me prier de lui fournir cent exemplaires du livre, et m'en offrit cent louis d'or, que j'eus la constance de refuser? A l'instigation de qui les colporteurs chargés de débiter dans Paris l'édition de ce libraire annonçaient-ils au public que j'en étais l'auteur? C'est un fait que j'ai éprouvé moi-même. Et pour tout dire, en un mot, quelle est cette lettre écrite contre moi au ministre? Car enfin c'est trop balancer sur la perfidie du sieur de Voltaire. L'édition de Paris se répand, je suis arrêté et conduit à la Bastille. Et quel est l'auteur de ma détention? sur l'instigation de qui suis-je arrêté? Sur celle du sieur de Voltaire. Je suis surpris qu'on me présente une lettre de lui, dans laquelle il m'accuse faussement d'avoir imprimé l'édition, qui paraît, dit-il, *sans son consentement.* »

Il faut ajouter que M. de Voltaire, pour comble de turpitude, dénonça lui-même Jore comme ayant publié l'ouvrage sans son aveu. Mais les juges virent clair ; on démasqua toutes ces manœuvres odieuses, et le procès se termina par une condamnation de l'auteur des *Lettres* à cinq cents livres d'AUMONES, ce qui était alors considéré comme une peine infamante.

Pour tous les volumes infects qu'il imprima par la suite, — la *Bible commentée*, — l'*Histoire de l'établissement du Christianisme*, — la *Philosophie de l'Histoire*, — l'*Examen important de milord Bolingbroke*, — la *Pucelle*, etc., M. de Voltaire joua une comédie analogue. Jamais un livre coupable n'était de lui. S'il fallait compromettre cent personnes pour échapper à la répression directe, il n'hésitait pas, et, lorsqu'il était prouvé que l'œuvre sortait de sa plume, presque toujours une issue habilement ménagée permettait à ses protecteurs de le défendre, et de le préserver du coup de la loi.

Dès ses premiers débuts en poésie, il eut l'audace d'attribuer à l'abbé de Chaulieu, mort depuis quelques années, un abominable factum, l'*Épître à Uranie,* où il parle de Dieu en ces termes :

> Il créa des humains à lui-même semblables
>   Afin de mieux les avilir ;
> Il nous donna des cœurs coupables
>   Pour avoir droit de nous punir ;
>   Il nous fit aimer le plaisir
> Pour mieux nous tourmenter par des maux effroyables
> Qu'un miracle éternel empêche de finir.

Chez lui ce fut une habitude systématique de cacher son nom (¹), ou de mettre sur le

---

(¹) « Si par malheur le secret de l'*Enfant prodigue* avait transpiré, jurez toujours que ce n'est pas moi qui en suis l'auteur. MENTIR POUR SON AMI EST LE PREMIER DEVOIR DE L'AMITIÉ. » (Lettre à son correspondant Berger. — 10 octobre 1736.) A propos du *Préservatif*, qui venait de paraître avec une gravure indignement obscène, il écrivait au même

compte d'autrui les éditions qui pouvaient lui attirer un châtiment.

« On m'annonce, écrit-il, le 8 décembre 1735, que plusieurs chants de la *Pucelle* courent dans Paris. Je n'ai prêté le manuscrit à personne. Si quelqu'un m'a trahi, ce ne peut être qu'un certain Dubreuil qui a copié l'ouvrage dans ma chambre, il y a six mois. »

Mais quel était son but en laissant copier ce poème monstrueux ?

Évidemment il avait voulu tenter par l'appât du gain d'ignobles spéculateurs, pour arriver au résultat, c'est-à-dire à l'impression, sans courir un danger personnel.

personnage, le 22 décembre 1738 : « Je vous prie de dire à tous vos amis qu'il est très-vrai que je n'ai aucune part au *Préservatif* et que je suis TRÈS-PIQUÉ DE L'INDISCRÉTION DE L'AUTEUR. » Quérard donne la liste de tous les pseudonymes sous lesquels Voltaire publia ses poésies licencieuses et ses livres contre la religion. Il y en a près de deux cents.

Voltaire, en se sauvant de la capitale, avait traversé Domremy, village historique, où se trouve encore debout la maison de Jeanne d'Arc.

Le respect des habitants, la vénération des étrangers pour cette pauvre cabane offusquèrent le philosophe, — et là même où, chez tout autre, le cœur bat de patriotisme et de pieux souvenir, l'idée vint à ce démon de composer une œuvre infâme.

Qu'un homme poussé par l'enfer, et brisant toutes les digues de la morale et de la pudeur, arrive à ce comble d'ordure et d'impiété, — soit.

Mais ce qui ne se comprend pas, ce qu'il est aussi impossible d'expliquer aujourd'hui qu'hier, c'est l'aveuglement des intelligences, c'est la déraison des esprits qui, en face de cet effroyable témoignage de perversité, osent encore applaudir un pareil apôtre et viennent remuer de nouveau la fange de ses doctrines.

O Jeanne d'Arc! fille héroïque, glorieuse enfant de la vieille Lorraine! tu ne te doutais pas, le jour où tu as pris le glaive pour chasser l'Anglais victorieux et pour nous conserver la France, qu'un monstre, appelé Voltaire, souillerait ta chaste mémoire et cracherait l'ignominie sur la cendre de ton martyre.

VII

Appréciations judicieuses du roi de Prusse. — Charmant volume publié par M. Arsène Houssaye, avec une préface de ce bon monsieur Janin. — Simple tableau de mœurs.

Ce poëme odieux a eu ses apologistes, — il faut bien en convenir à la honte des lettres, et surtout à la honte de Frédéric, dit le Grand, monarque plein de sens moral et de tact historique.

Il trouve que, dans la *Pucelle*, « tout respire la GAITÉ d'une IMAGINATION BRILLANTE. (¹)

(¹) Éloge de Voltaire, prononcé à l'Académie de Berlin (1779). Dans ce même discours, au sujet de la *Henriade*, Frédéric

Qu'un Allemand raisonne ainsi, passe encore, — c'est un Allemand. L'honneur et la dignité de la France lui importent peu. Mais quelle excuse trouvez-vous à l'effronterie de certains hommes qui, de ce côté-ci du Rhin, justifient Voltaire, ou du moins cherchent à atténuer son crime de lèse-nationalité française, en disant que cette œuvre abominable fut le résultat d'une gageure faite à Londres? Ils concluent, ces défenseurs de l'horrible, qu'un écrivain de notre pays a pu donner à la haine des Anglais une satisfaction de ce genre et salir Jeanne d'Arc, à la plus grande joie de ses bourreaux, sans mériter l'exécration publique.

Pour accepter un raisonnement pareil, il faut être aussi infâme que Voltaire, ou avoir la conscience gangrenée du roi de Prusse.

Cependant l'auteur des *Lettres anglaises*,

---

ose dire que Voltaire « s'est essayé contre Virgile et l'a SUR-PASSÉ. »

grâce à ses impudentes réclamations contre Jore et à de nombreuses démarches faites auprès du cardinal Fleury, devenu premier ministre, par MM. d'Argental et de Richelieu, obtint l'autorisation de rentrer en France.

Mais on ne voulut pas lui permettre d'habiter Paris.

Il trouva refuge au château de Cirey, où sa chère mathématicienne et son complaisant époux lui donnèrent, quinze années durant, l'hospitalité.

L'hospitalité, je me trompe, — ou du moins elle ne ressemblait en rien à celle qu'on reçoit en Écosse.

Voltaire était riche. Le marquis du Chastelet, ruiné par la débauche, acceptait sa part des revenus de l'écrivain, trouvant on ne peut plus juste que celui-ci réparât le château qui tombait en ruines (1), payât les fournisseurs de

---

(1) « C'était, dit Voltaire lui-même, un vieux manoir déla-

toute espèce, les robes et la poudre de Madame, et jusqu'aux gages des domestiques, — fermant après cela les yeux sur le reste.

C'était un philosophe de premier ordre, un Saint-Simonien anticipé.

Je désire qu'on ne m'accuse pas ici d'exagération. Calomnier M. de Voltaire est chose difficile, principalement quand il s'agit de mauvaises mœurs; néanmoins il est bon de montrer que ses admirateurs eux-mêmes avouent certains faits caractéristiques.

Un écrivain de ce temps-ci, M. Arsène Houssaye, a cru devoir essayer de rallumer au profit de notre siècle les enthousiasmes éteints, — noble action, service inappréciable rendu aux générations modernes.

Le livre du *Roi Voltaire* est assurément une

---

bré, sur les confins de la Champagne et de la Lorraine, avec un terrain très-insalubre et très-ingrat. J'y bâtis une galerie et j'y formai un superbe cabinet de physique. (*Mémoires pour servir à l'histoire de ma vie.*)

œuvre pleine d'à-propos, de conscience et de moralité.

Aussi M. Jules Janin s'est-il empressé de mettre en tête une préface, — et quelle préface!

« Eh! donc! le revoilà, c'est bien lui! — s'écrie l'énorme feuilletoniste, dans ce style bizarre dont il a le privilége, et ne se possédant plus d'ivresse. — Je le reconnais à son sourire, à sa malice, à son génie, à ses passions, à ses délires! Ça, voyons comment M. Arsène Houssaye a pu s'y prendre avec ce papillon, ce taureau, ce zéphir, ce volcan? D'abord il l'a couronné roi. Rien que cela? Une simple couronne de roi... Et pour qui donc gardes-tu les étoiles? »

Cet excellent M. Janin trouve que le *Dieu Voltaire* eût été un titre beaucoup plus convenable.

« Le temps même, continue-t-il, le temps, ce grand destructeur, ajoute à ce royaume, à cette domination, à cette couronne (Janin, mon ami, en êtes-vous bien sûr?) Voltaire est resté notre espoir, notre consolation, notre orgueil, NOTRE PÈRE ET NOTRE MÈRE (*sic*); il est tout pour nous, il est tout ce siècle, il est le monde!... Et plus nous sommes insultés par les cuistres (ce gros littérateur appelle cuistres ceux qui défendent l'Évangile et la croix), plus nous comprenons qu'il disait vrai. « Je vous ai délivrés d'une bête féroce! » criait-il. Non! non! il l'avait muselée à peine, et la bête féroce a brisé sa muselière... »

Ah! miséricorde! est-ce que vous avez peur d'être dévoré, cher monsieur Janin?

Tranquillisez-vous. Les catholiques, muselés ou démuselés, ne vous mangeront pas : vos discours, vos principes et le dégoût les tiennent à distance.

On doute, en vérité, du témoignage de ses yeux, quand on lit de pareilles choses.

Essayez, je vous prie, de soutenir que la *Queue de Voltaire*, comme je l'entends, est un simple épouvantail. Vous voyez ce que ces gens-là pensent, aujourd'hui encore, et la manière dont ils raisonnent?

Je reviendrai sur ce beau livre et sur cette belle préface. .

L'essentiel est d'user ici des précieux renseignements que M. Arsène Houssaye veut bien m'offrir pour achever ce chapitre. D'abord, il avoue la ruine à peu près complète des hôtes de l'écrivain, par ces paroles qu'il emprunte à la spirituelle médisance d'une contemporaine de Voltaire, madame du Deffant :

« Représentez-vous une *maîtresse d'école* (c'est d'Emilie qu'on parle), sans hanches, la poitrine étroite, avec de gros bras trop courts pour ses passions, des pieds de grue, deux petits yeux vert de mer et vert de terre, la lèvre plate et les dents clair-semées, qui veut être belle en dépit de la nature et de la fortune, car *elle n'a pas toujours une chemise sur le dos.* » (¹)

C'est on ne peut plus explicite.

La question de beauté, chez la marquise, n'a qu'une importance médiocre. Si on ne dispute

---

(¹) Page 138. — La marquise avait aidé puissamment son époux à consommer la ruine commune. Un soir, au jeu de la reine, à Fontainebleau, elle perdit quatre-vingt-quatre mille francs. (*Mémoires sur Voltaire,* par Longchamp. — tome II, page 138.) Il résulte de tout ceci que M. Nicolardot se trompe, en disant que Voltaire vivait aux dépens de madame du Chastelet. Plus tard, il fit gagner aux époux un procès qui leur mit en poche deux cent mille livres, sur lesquelles il voulut en vain reprendre quarante mille francs prêtés au marquis. A la mort de madame du Chastelet, il transigea pour une pension viagère de deux mille livres qui ne fut jamais payée. Enfin il réduisit la somme à quinze mille livres, savoir : dix mille livres espèces et cinq mille livres en meubles. « Et quels meubles ! s'écrie-t-il, des meubles que j'ai achetés et payés, comme la commode de Boule, etc. » (Lettre à madame de Montrevel.) Deux ans plus tard, écrivant à Frédéric pour lui demander une indemnité de route : « Il m'est impossible, disait-il, de faire en ce moment une dépense extraordinaire, parce qu'il m'en a coûté beaucoup pour établir mon ménage, et que les affaires de madame du Chastelet, MÊLÉES AVEC MA FORTUNE, m'ont coûté davantage. »

pas des goûts, c'est principalement dans le domaine de la passion.

D'ailleurs, M. de Voltaire avait un motif plausible d'arrêter son choix sur une *maîtresse d'école*. Il voulait étudier les sciences, afin d'étonner l'Europe et le monde par la multiplicité de ses aptitudes.

Or, comme il approchait de la quarantaine, et que ses agréments physiques se fanaient de plus en plus chaque jour, il trouvait commode, avec les mêmes déboursés, de rétribuer des fonctions doubles. Partout il eût payé les fournisseurs, et chez le marquis il économisait un maître de mathématiques. La science, l'avarice et la débauche y trouvaient chacune leur compte.

Voici d'autres détails précieux fournis par M. Arsène Houssaye:

« Emilie, qui savait déjà le latin, se mit à apprendre trois ou quatre langues vivantes. Elle traduisit Newton, analysa Leibnitz et concourut pour le prix de l'Académie. Voltaire ne voulut pas rester en arrière ; il se fit savant, presque aussi savant que sa maîtresse. N'est-ce pas un curieux spectacle que ces deux amants qui ne trouvent rien de plus beau que de se disputer sur des points de physique et de métaphysique? Leur amour éclatait le plus souvent en bourrasques. Dans leur jalousie ou leur colère, ils allaient, le dirai-je? (dites, monsieur, ne cachez rien) ils allaient jusqu'à se battre (Oh!) La bourrasque passée, les amants pleuraient comme des enfants taquins. M. du Chastelet survenait et les raccommodait avec effusion (brave et digne homme!) Un jour que la marquise cachait ses larmes, il lui dit : « — Ce n'est pas d'aujourd'hui que Voltaire nous trompe. » Un peu plus tard, il disait à Voltaire : « Ce

---

(¹) Pages 140 et 141.

n'est pas d'aujourd'hui que ma femme NOUS trompe. » (¹)

Lecteur honnête, décidez, je vous prie, quel est le plus ignoble des trois !

On s'imagine bien que l'espèce de dénonciation de l'époux troubla quelque peu le philosophe. Il eut, à dater de ce moment, l'oreille aux écoutes et l'œil au guet, pour tâcher de surprendre la coupable Emilie.

« Un soir, dit encore M. Houssaye, la sachant enfermée avec le mathématicien Clairault, sous prétexte de prendre une leçon de géométrie, il donna à la porte un si violent coup de pied qu'il la jeta hors des gonds. La scène fut terrible ; l'amant foudroya le maître et l'écolière. — Un autre jour, entrant à l'improviste dans la chambre de madame du Chastelet, il trouva Saint-Lambert (¹) à ses pieds. On avait

---

(¹) *Le poète des Saisons.*

oublié de pousser le verrou. Voltaire ne fut pas moins foudroyant pour le poëte que pour le mathématicien. Il s'en alla commander des chevaux de poste. La marquise donna contre-ordre et monta à la chambre de Voltaire. Elle le trouva couché et malade. Il la battit. Néanmoins, ajoute M. Houssaye, il fut *magnanime* et pardonna. « — Mais, dit-il à Saint-Lambert, une autre fois, poussez le verrou ! » (1)

En voilà suffisamment, ce me semble, sur le château de Cirey et sur ses hôtes.

Si j'avais tracé moi-même un pareil tableau de mœurs, on aurait jeté les hauts cris. Je ne suis pas fâché que les couleurs aient été broyées par un autre, et qu'un partisan de Voltaire ait tenu la palette.

C'est du fond de cet asile plein d'opprobre et de scandale qu'on a vu sortir toutes les impu-

---

(1) Pages 142 et 143.

retés et tous les blasphèmes que le dix-huitième siècle a salués de ses applaudissements.

« Montre-moi la source, dit le proverbe arabe, je te dirai si tu dois boire. »

VIII

Où la notice biographique du patriarche se complète.

J'ai beaucoup de place à réserver aux disciples, et je dois abréger l'histoire du maître.

Pour toute âme loyale, qui ne cherche pas à s'aveugler systématiquement en face de l'évidence, Voltaire est une des natures les plus méprisables que le scalpel du psychologue ait jamais soumises à l'étude anatomique.

Libertin gangrené, sa vie tout entière ne fut qu'un tissu de dépravations audacieuses qu'il affichait avec un cynisme à soulever le cœur.

Il n'y a pas d'exemple d'une vieillesse plus

corrompue que la sienne et plus effrontément impudique. Loin de moi la pensée de remuer ici, comme preuves, les ordures entassées dans ses œuvres de septuagénaire : il me suffira de signaler au lecteur les lignes suivantes, qu'il traçait à l'âge de soixante-quatre ans :

« Votre idée, ma chère nièce, de faire peindre les *belles nudités*, d'après Natoire et Boucher, pour *ragaillardir ma vieillesse*, est d'une âme compatissante, et je suis reconnaissant de cette belle invention. On peut aisément, en effet, faire copier à peu de frais, au Palais-Royal (le duc d'Orléans le permet), ce qu'on trouvera de plus beau et de plus *immodeste.* » (¹)

Voltaire ne s'occupa jamais que de trois choses avec passion, je puis dire avec frénésie : il entassa l'or par les moyens les plus illicites, consacra cet or à une vie honteuse, et s'efforça

(¹) *Correspondance.* — Juin 1757.

de justifier sa débauche et ses vices en attaquant la religion pure et sainte qui les frappe d'anathème.

Cet écrivain démocrate, irréconciliable ennemi de tous les jougs, ce poète si éloquent dans ses épîtres contre l'esclavage, trouva juste et rationnel de gagner six à huit cent mille livres, en s'associant à la spéculation d'un armateur de Nantes, qui frêtait des navires, et les envoyait sur le rivage africain charger une cargaison de noirs, destinés à être vendus à New-York.

Joignant l'hypocrisie à l'avarice, Voltaire écrivait à son associé :

« Je me félicite avec vous de l'heureux succès du navire *le Congo,* arrivé si à propos sur la côte d'Afrique pour SOUSTRAIRE A LA MORT tant de malheureux nègres. Je sais que les noirs embarqués sur vos bâtiments sont traités avec autant de DOUCEUR que d'HUMANITÉ, et, dans une telle circonstance, je me réjouis d'avoir fait une BONNE AFFAIRE, en même temps qu'une BONNE ACTION. » (¹)

Qu'en dites-vous ?

Et l'on a pris au sérieux les déclamations de cet homme, lorsqu'il a eu l'audace de se donner aux peuples pour un apôtre de la liberté !

(¹) Voir, pour les détails de cette anecdote, la *Bibliographie* Michaud (article *Raynal*). On a de la même époque des lettres curieuses, dont voici quelques extraits. Elles montrent que M. de Voltaire, ami de la *douceur* et de l'*humanité* pour les esclaves, dont la vente lui rapportait de si honnêtes bénéfices, traitait comme des nègres les blancs qui hésitaient à lui payer leur dette, avec les intérêts usuraires dont il n'était pas chiche :

« D'Hombre a fait banqueroute. Il me doit quinze cents francs et vient de faire un contrat avec ses créanciers, que je n'ai pas signé. Parlez à un procureur, et qu'on m'exploite ce drôle, dont je suis très-mécontent ! » (*Correspondance*. — Décembre 1737.)

« Si M. de Baranne ne me rend pas les deux mille francs, il ne faut pas le ménager ; je vous le recommande auprès du lieutenant civil. M. de Gennes est fermier général. S'il ne me paye pas, c'est très-mauvaise volonté, à quoi la justice est remède. Sa réponse doit être une lettre de change pour un paiement complet, ou c'est à un huissier de faire toutes les *honnêtetés* de cette affaire. » (*Correspondance*. — Mars 1738.)

Voltaire composa, au château de Cirey, *Alzire*, *Mérope*, *Mahomet* et l'*Enfant prodigue*. Ce fut là qu'il écrivit, en outre, cet odieux *Essai sur les mœurs*, où il soufflette l'histoire à chaque page, dénature insolemment les faits, déploie la partialité la plus révoltante, et juge les nations, surtout la France, avec une aigreur inouïe, sans respect, sans vérité, sans justesse.

Préférant de lâches apostats aux princes amis de la foi chrétienne, il envenime les actes de ces princes, il exagère leurs écarts.

Il cherche à déshonorer l'Eglise et à la transformer en une secte toute de politique et de passion, à laquelle il impute les cruautés des conquérants du Nouveau-Monde, quand il est notoire qu'elle les a condamnées par les sentences les plus sévères et par des bulles apostoliques sans nombre. Il attaque les évêques, les conciles, la confession (gênante pour lui surtout), la divinité du Christ, la morale des Livres saints; et pose d'un bout à l'autre de son œuvre ces hideux principes, qui devaient servir plus tard à renverser tout à la fois vérité, justice, autel et trône.

Ce livre n'était pas de nature à faire révoquer par le Parlement l'ordonnance d'exil, sous le coup de laquelle on le tenait toujours.

Fatigué de sa retraite en Champagne, et très-humilié de voir un philosophe de sa force et de son mérite aussi peu apprécié du roi Louis XV, il se mit à flagorner deux autres souverains, dont il espérait recevoir bon accueil, Stanislas de Lorraine et Frédéric de Prusse.

Le premier, plein de finesse dans sa bonhomie, se donna le plaisir d'attirer Voltaire à Lunéville pour lui dire à brûle-pourpoint, bien en face, et devant tous les courtisans :

« Je vous déclare, Monsieur, que j'ai en profonde horreur les écrivains impies, et que dix-huit siècles me semblent une confirmation suffisante de la vérité catholique! »

Madame du Chastelet, enceinte et presque à terme, avait suivi le philosophe à Lunéville.

Elle accoucha de colère, après avoir entendu la profession de foi de Stanislas, et mourut le surlendemain. Son amoureux en deuil alla se consoler près du roi de Prusse, qui l'appelait avec des protestations tout à fait rassurantes. Voltaire n'avait à craindre là aucune déconvenue : le libertinage et le blasphème avaient leurs coudées franches à la cour de Berlin.

Il y reçut tout naturellement bon accueil.

A cette époque, il existait entre Louis XV et Frédéric certains malentendus assez graves. La question embrouillée par la diplomatie, faisait craindre une déclaration de guerre de l'Allemagne à la France.

Une nièce de Voltaire, madame Denis, fort intrigante et peu scrupuleuse sur le choix des moyens, se mit en tête de réconcilier son oncle avec la cour de Versailles. En conséquence, elle se ménagea des relations au château d'Etioles, chez la Pompadour, et, à la fin de cette intrigue féminine, quelques avances directes furent faites au philosophe. Il chargea sa nièce de lui acheter un hôtel à Paris et ne tarda pas à repasser la frontière, alléché par des espérances, qu'il avait caressées trop longtemps sans résultat, pour ne pas saisir avec empressement l'occasion de les changer en réalités.

Cet ennemi des rois et des trônes passa toute une saison chez la maîtresse de Louis XV, la flagornant sur tous les rhythmes, célébrant en vers pompeux la gloire du héros de Fontenoy, et rimant des quatrains dans le goût de celui-ci :

> Il sut aimer, il sut combattre;
> Il envoie en ce beau séjour
> Un brevet digne d'Henri Quatre.
> Signé : Louis, Mars et l'Amour.

Bref, on finit par lui promettre un fauteuil à l'Académie, le titre d'historiographe de France et une charge de gentilhomme ordinaire de la

Chambre, s'il voulait retourner en Prusse étudier les plans de Frédéric et en dresser un rapport fidèle.

On ne pouvait pas lui proposer plus nettement de remplir l'emploi d'espion.

M. de Voltaire accepta pour donner aux races futures un témoignage éclatant de son sens moral et de sa délicatesse d'âme.

« La favorite imagina, dit-il, de m'envoyer comme secrétaire chez ce monarque *pour sonder ses intentions*. Il fallait un prétexte : je pris celui de ma querelle avec l'évêque de Mirepoix. On approuva l'expédient, et j'écrivis à Frédéric que j'allais me réfugier auprès d'un roi philosophe, loin des tracasseries d'un bigot. J'eus *tout l'argent que je voulus* pour mon voyage. » (1)

Il est difficile de pousser plus loin le cynisme de l'aveu.

---

(1) *Notes pour servir à l'histoire de ma vie*, — pages 37 et 38.

Voilà bien le personnage qui écrivait dans une autre occasion : « Mets de l'argent dans ta poche, et moque-toi du reste ! » Sa vie tout entière a été la mise en pratique fidèle de cette noble maxime.

Retournant donc en Prusse, il accepta à la cour de Frédéric une place de chambellan, plus une pension de vingt mille livres, recevant ainsi des deux mains et des deux côtés, avec une satisfaction qu'il ne dissimulait pas, jouant son hôte royal, et, pour me servir d'une expression vulgaire, mais expressive, lui tirant les vers du nez au profit de Louis XV et de la Pompadour.

Malheureusement ce commerce, aussi lucratif que peu honorable, ne dura pas.

Soit que Frédéric eût vent de l'espionnage, soit que les querelles incessantes de Voltaire avec Maupertuis, savant illustre [1], auquel l'é-

---

[1] Maupertuis avait été nommé par le roi président de l'Académie de Berlin et vivait à la cour de Prusse.

lève de madame du Chastelet se croyait bien supérieur en physique et en géométrie, fatiguassent le prince, il finit par bouder son chambellan de la façon la plus sérieuse et par le traiter comme un homme à gages.

Un beau jour Voltaire s'indigne et prend la fuite avec madame Denis, qui l'avait accompagné en Prusse.

Aussitôt on lance à leur poursuite les gendarmes du roi. L'oncle et la nièce, arrêtés à Francfort, sont retenus captifs pendant douze jours, jusqu'à ce que Voltaire eût rendu le manuscrit d'un poème, dû à la plume de Frédéric, (¹) et qu'il espérait publier en France, au grand divertissement des Parisiens.

Cette tentative d'abus de confiance valut au philosophe une bastonnade en règle, véritable bas-

---

(¹) Le roi le lui avait confié pour y faire des corrections. Élevé en soldat, Frédéric écrivait très-mal en prose comme en vers, ce qui ne l'empêcha pas d'avoir toute sa vie des prétentions à la littérature.

tonnade prussienne, la troisième et la plus solide qu'il eût reçue dans le cours de son existence.

Jamais homme ne fut plus rossé que cet illustre philosophe.

Toutes ces aventures ridicules, ébruitées avec soin par ses bons amis de Berlin, ne l'engageaient pas à revenir à Paris. Il voyagea cinq ou six mois le long des frontières de l'Est, s'arrêtant à Plombières d'abord pour y prendre les eaux, puis à Lyon, puis enfin à Genève, où il acheta une petite propriété de soixante arpents, qu'il appela les *Délices*.

Il y était depuis six mois à peine, lorsqu'il se prit de querelle avec les Calvinistes.

Pour échapper à ces nouveaux ennemis, il acheta le château de Ferney, situé à quelques lieues de Genève sur terre française (¹). Là fut

---

(¹) Il allait souvent d'un château à l'autre. Quand il était mal avec les catholiques, il se sauvait aux *Délices;* quand il avait insulté de nouveau les protestants (par exemple après la publication de la *Guerre civile de Genève*) il retournait à Ferney.

sa dernière et sa plus célèbre résidence.

Vingt années durant, il y entretint une correspondance suivie avec les Encyclopédistes, et leur envoya mille élucubrations diaboliques, terminées toutes par ce mot d'ordre du sacrilége en délire : « Ecrasons l'INFAME! »

L'infâme, c'était la religion du Christ.

A Ferney, Voltaire écrivit coup sur coup le *Précis de l'Ecclésiaste*, — celui du *Cantique des cantiques*, — *Dieu et les hommes*, — la *Voix du peuple et du sage*, — les *Sentiments de Jean Meslier*, — la *Religion naturelle*, — *Candide*, — l'*Homme aux quarante écus*, et nombre de livres orduriers ou de libelles blasphématoires, condamnés en France, aussitôt après leur apparition et brûlés, par ordre du Parlement([1]), en place de Grève.

([1]) Plusieurs autres ouvrages moins scandaleux furent vendus au profit d'une nièce du grand Corneille. Voltaire avait recueilli chez lui cette jeune fille et avait soin de faire crier sur les toits qu'il se chargeait de la doter. Une aussi belle

Louis XV, peu satisfait de l'habileté diplomatique de son agent mystérieux, l'accablait de nouveaux dédains.

Celui-ci crut se venger, en publiant des ouvrages de plus en plus infâmes.

Il dressa des autels à la débauche et au matérialisme, essayant de briser tous les liens qui attachent l'homme à la vertu, flattant les cœurs gâtés, développant les instincts ignobles, poussant à la satisfaction exclusive des sens, écrivant le code complet de la luxure, cherchant à anéantir toutes les lois divines et humaines, entassant par une odieuse compilation

---

conduite eut pour résultat d'exciter l'admiration des Parisiens et de faire reprendre à la Comédie-Française les tragédies du philosophe, abandonnées pour cause de recettes insuffisantes. On est tenté de croire que la bienfaisance tant prônée de Voltaire visait uniquement à ce but, — car, au moment même où il déployait pour la fille une générosité si admirable, il laissait mourir de détresse, aux environs de Rouen, le père et la mère de sa protégée, qui touchaient de plus près encore au grand Corneille.

des erreurs cent fois réfutées et anéanties dans le cours des siècles, les reproduisant sans se lasser, toujours et toujours, avec une persévérance infernale, pour infecter plus sûrement les masses, pour empoisonner la France et l'Europe, certain qu'il était que ses misérables lecteurs n'auraient pas recours à la réfutation, sûr avant tout que pas un ne prendrait le flambeau pour éclairer ce chaos d'impostures.

On peut dire que Voltaire fut l'Arlequin du sarcasme et du blasphème.

Il s'appliqua constamment et sans cesse à présenter sous toutes les formes les mêmes turlupinades exécrables, les mêmes plaisanteries sacriléges ; il les répétait sur tous les tons à la foule stupide, les façonnait à toutes les intelligences et les adaptait à tous les goûts, afin de mieux plonger le peuple dans un abîme d'immoralité, de contradictions, d'inconséquences et de mensonges.

Et tous les sots corrompus, tous les imbéciles du globe absorbent, depuis un siècle, cette pâture monstrueuse ; ils se vautrent dans cette fange, en invoquant l'*indépendance de la pensée!*

IX

L'abbé Guénée. — Fréron. — Une épître
du diable.

« A ce mot d'indépendance, dit un écrivain de nos jours (¹), il se fait en nous un mouvement si vif de bonheur et d'orgueil, que notre âme se passionne et se précipite, au risque de n'embrasser qu'une ombre. Il importe beaucoup de se tenir en garde contre les apparences; car, si rien n'est beau comme la véritable in-

---

(¹) M. Romain Cornut. — *Discours sur Voltaire*. — 1844.

dépendance de l'esprit, rien n'est plus funeste qu'une indépendance mensongère et vaine.

» Et l'erreur ici est facile.

» La fausse indépendance déploie une témérité aventureuse, un inqualifiable aplomb, qui surprennent et imposent.

» Voyez Voltaire!

» Jamais homme parut-il avoir une pensée plus hardie et plus libre? Quel ton particulier d'assurance dans toutes ses paroles! quel air dégagé! quelle brièveté tranchante! Rien ne l'arrête. Les plus saintes croyances, les traditions les plus vénérées, les autorités les plus hautes ne sont pour lui que faiblesses et jouets d'enfants. Il les brise, il les jette aux risées de la foule. L'esprit s'effraye de tant d'audace, la langue même s'en étonne. Est-ce assez de liberté et d'indépendance? Trouve-t-on qu'il manque sur ce point quelque chose à Voltaire pour faire un grand philosophe?

» Un grand philosophe!

» Ce nom sublime, le plus beau qu'il y ait dans la langue des hommes, après celui de Dieu et de la vertu, rappelle à mon esprit les nobles intelligences qui ont été honorées par la justice des âges et l'admiration des peuples.

» J'ai présents à ma pensée Aristote, Platon, Descartes, Bacon, Leibnitz.

» Quelle auguste sérénité! quel calme divin! quelle paix profonde dans ces éternels penseurs! Ils ont je ne sais quoi de religieux et de bon, de sérieux et de simple, d'audacieux et de timide, qui semble se contredire d'abord et forme, en s'alliant, la grande et douce majesté du génie. Je n'aperçois ni enthousiasme violent, ni colère superbe, ni témérité hautaine, et j'admire comme l'indépendance de l'esprit se concilie bien en eux avec la modération des paroles, avec le respect des hommes et celui des traditions.

» J'ai lu leurs œuvres, et j'ai lu celles de Voltaire.

» A l'aspect d'un contraste aussi étonnant, je me demande quelle est cette étrange facilité des hommes à se laisser séduire. Par quelle méprise, par quelle incroyable confusion des mots et des idées ont-ils pu donner à une immense débauche d'esprit le nom sacré d'indépendance? Cette audace éventée, qui jette toutes les vérités en l'air et les laisse retomber comme il plaît au hasard, est-ce là l'esprit philosophique?

» Non, certes. Voltaire n'est pas un esprit indépendant et libre, c'est un esprit emporté et rebelle.

» Tous les incrédules du dix-huitième siècle, ce prétendu philosophe à leur tête, se sont adjugés à eux seuls le titre d'esprits forts et de libres-penseurs. Qu'est-ce à dire? Suffit-il de ne point croire pour être philosophe? ou ne peut-on être tout ensemble philosophe et chrétien? Prétendre que l'indépendance d'un esprit élevé ne peut conduire à la foi religieuse, c'est mentir à l'histoire, c'est méconnaître ces génies sublimes qui, dans les quatre premiers siècles de notre ère, coururent d'eux-mêmes au devant du Christianisme; c'est outrager les plus grands noms dont l'Europe s'honore depuis dix-huit cents ans, c'est calomnier nos gloires vivantes.

» Une intelligence forte, sans croyance, c'est quelque chose qui n'a pas de nom et ne peut en avoir.

» Partir du doute pour conclure au doute, c'est faire de la philosophie ce que le marteau qui démolit fait de l'architecture. Ce n'est pas constituer la science, c'est constituer l'ignorance. La liberté de penser ne serait-elle, par hasard, que la liberté de ne rien penser, la liberté de tout remettre en problème sans rien résoudre, la liberté de tout ébranler sans rien affermir? »

Il y a juste un siècle que deux critiques de première force, l'abbé Guénée et Fréron, tenaient à Voltaire un langage analogue, le lendemain même de la publication de ses livres.

Comme ils prenaient fait et cause pour la morale, pour le droit, pour la justice, contre les passions, on ne les écoutait pas et on les lisait peu. Voltaire seul, déconcerté par leur argumentation victorieuse, entrait en rage, surtout lorsque l'abbé Guénée, qui se procurait les épreuves de chaque œuvre nouvelle du philosophe, lui adressait un exemplaire de la réponse, le jour même où paraissait l'attaque.

Si les *Lettres de quelques Juifs* n'ont pas été lues suffisamment par les contemporains, elles sont aujourd'hui classiques et témoignent de la sottise et de la mauvaise foi du dix-huitième siècle. Bien assurément l'abbé Guénée, sans parler de sa force de logique écrasante, a plus de talent véritable et plus d'esprit que le patriarche de Ferney. Toutes ses réponses à la *Bible commentée* et au *Dictionnaire philosophique* (¹) se publiaient sous le voile de l'anonyme, dans une rédaction pleine de tact et de convenance, qui mettait Voltaire aux abois et le réduisait à l'impossibilité de la réplique. Il se vengeait sur Fréron, moins circonspect de sa nature, et l'accablait d'une avalanche d'épithètes grossières, dont voici les moins injurieuses : « Ignorant, — audacieux, — libelliste, — énergumène, — fripon, — monstre, — bête, — oison, — tartuffe, — cagot, — polisson, — cuistre, — pédant, — gredin, — bouc, — chien barbet, — balourd, — fat, — ridicule, — impertinent, — sycophante, — âne, — insecte, — chenille, — vermisseau, — faquin, — fripier, — maraud, — laquais,

---

(¹) On connaît la terrible histoire du chevalier de La Barre, qui, après avoir lu ce livre odieux, se mit à parcourir les rues d'Abbeville, sa cité natale, en tenant à la foule des discours sacriléges. Dans son enthousiasme impie, il mutila l'image du Christ, et fut condamné à être brûlé vif. Le Parlement ordonna de jeter le *Dictionnaire philosophique* dans les flammes du bûcher.

— escroc, — scélérat, — ribaud et pédéraste. »

M. de Voltaire n'argumentait pas autrement.

Il bavait l'injure en guise de syllogisme, et beaucoup de ses disciples adoptent encore aujourd'hui ce système commode.

Sa nièce, qui cherchait à l'entretenir en belle humeur (¹), voyant que les articles de critique le jetaient dans un état voisin de l'épilepsie, jugea convenable de surveiller chaque jour l'arrivée du courrier, pour soustraire autant que possible aux regards de son oncle les journaux ou les correspondances qui pouvaient lui allumer la bile.

Cette précaution n'empêcha pas Voltaire de recevoir, un matin, certain paquet, soigneusement affranchi, et portant le timbre de la Franche-Comté.

(¹) Madame Denis, très-philosophe elle-même, — je veux dire affranchie de toute espèce de morale gênante, — remplaçait la marquise du Chastelet sous une infinité de rapports.

Brisant l'enveloppe, au moment de se mettre à table, il en tira un manuscrit admirablement calligraphié, dont le titre et les premières lignes amenèrent sur son visage une teinte livide.

— Qu'est-ce? demanda madame Denis.

Arrivée trop tard, au son de la cloche du déjeûner, elle n'avait pu intercepter le message.

L'oncle, suffoqué, ne répondit pas. Ce qu'il venait de voir lui coupait entièrement l'appétit. Quittant la table, il monta dans son cabinet, poussa le verrou, et lut un morceau poétique, dont le lecteur nous permettra de lui citer quelques passages.

ÉPITRE DU DIABLE

A M. DE VOLTAIRE

Organe furibond de l'ange des ténèbres,
Qui souffle dans ton cœur la rage de rimer ;
Toi, dont les ouvrages célèbres
Instruisent cent grimauds dans l'art de blasphémer,

Lieutenant des Enfers, et diable à plus d'un titre,
Reçois, mon digne ami, cette infernale épître...
   Mais garde-toi de la faire imprimer!
Tes ouvrages divers, ton cothurne, ta lyre,
Tes fastes imposteurs nous ont plu tellement,
      Que je t'en dois un compliment
      Au nom des grands de mon Empire,
      Reconnaissant de bonne foi
Qu'à trouver les moyens d'en étendre les bornes,
Tout diable que je suis, je le suis moins que toi,
      Et ne te passe que des cornes.

. . . .

      Pour enlever tous les suffrages,
Tu compris qu'il fallait, dans tes premiers ouvrages,
Rassurer les mondains, flatter tous les penchants,
Démolir, foudroyer, ou rendre ridicules
D'étranges vérités qui révoltent les sens,
Et, de ta rage enfin armant les incrédules,
Japper contre Dieu même et mordre ses enfants.

. . . .

Ainsi tu débutas en bravant le tonnerre,
Et bientôt le succès dépassa ton espoir;
Ton mérite força mes sages d'Angleterre
   A te céder la palme du savoir.
Ta main brisa le joug d'un pénible devoir;
Tu réformas le monde, et, grâce à ton génie,
De la religion l'injuste tyrannie
Perdit dans tous les cœurs son antique pouvoir.
     A bas la Bible et l'Ecriture!
     Malgré la foi de tous les temps,

Celui qui régit la nature,
Ce Dieu, l'espoir des bons et l'effroi des méchants,
N'est, selon toi, qu'un monarque en peinture.

. . . .

Guide des écrivains conjurés contre Dieu,
Tu sus te distinguer en tout temps, en tout lieu,
Comme leur chef et leur modèle,
Et j'en suis bien reconnaissant!
Car mon domaine florissant
S'est accru de moitié chez la race mortelle.
L'un croit le culte indifférent
Et confond le brachmane avec le catholique,
Et l'autre l'abandonne au vulgaire ignorant
Comme une vaine et frivole pratique.
Ici, c'est un réformateur
Qui blâme certains rits du sacré ministère,
Qui dogmatise avec fureur
Contre la foi d'un antique mystère,
Ou d'un pénible aveu dispense le pécheur;
Puis, contrôlant la richesse des moines,
La pompe des prélats, la table des chanoines,
Et taxant le clergé de mille autres abus,
Dit que, pour apaiser tant de vives alarmes,
Il faudrait marier tous vos jeunes reclus,
Capucins, Récollets, Jacobins et Grands-Carmes.
Là, c'est un esprit fort, ou lascif, ou glouton,
Qui, pour analyser la nature de l'âme,
Vous soutient que l'étui vaut autant que la lame,
Et la fait dépérir ou croître à l'unisson
Avec l'âme d'une huître ou d'un colimaçon.

. . . .

Voilà quel est le catéchisme
De tes disciples à Paris.
J'avais besoin de tes écrits
Pour y couler à fond la barque du Papisme.
Depuis trente ans que tes travaux
Ont fertilisé ce rivage,
Je vois de jour en jour qu'il enfle mes impôts
Et me rapporte davantage.
Il me vient chaque mois de friands maniveaux
De réprouvés de tout étage,
Dûment bardés de péchés capitaux,
De gros richards calcinés de luxure,
Des fripons, des coquins de toutes les couleurs,
Des intrigants et des agioteurs.
. . . .
Oh! que ne dois-je pas à l'excès de ton zèle !
Pour seconder mes généreux desseins,
Tu suivis la trace fidèle
Des Bayles et des Arétins.
Ta *Religion naturelle*
Obscurcit à jamais les plus fiers écrivains ;
Je voudrais en être le père,
Ainsi que de l'Epître agréable et légère,
Où brillent l'antithèse et l'étrange conflit
De la grâce de Jésus-Christ
Avec les trois Grâces d'Homère.
. . . .
Mais le prodige du savoir
C'est ta *Pucelle* incomparable.
Il ne nous manquait plus que ce livre admirable

Pour consommer ta gloire et combler mon espoir.
Que de riants tableaux! que de jolis blasphèmes!
    Oh! que tu dois t'en applaudir!
Ton esprit y surpasse, il faut en convenir,
    Nos intelligences suprêmes.
    Je défierais tous les Enfers,
Le diable le plus docte en cynique peinture,
De forger, en dix ans, un écrit plus pervers,
Plus fertile en scandale et plus riche en ordure!
Lorsque tu publias ce volume charmant,
Ce modèle parfait de rimes dissolues,
J'en eus tant de plaisir et de contentement
Que trois ou quatre fois j'épiai le moment
    De te happer en planant dans les nues.
Je brûlais de payer tant d'utiles forfaits
    Dans cette retraite profonde;
Mais j'ai senti que pour mes intérêts
Il valait mieux encor te laisser dans le monde,
Où tu servais l'Enfer avec tant de succès.

. . . .

    Oh! bien me fâche que ta course
Penche si fort vers nos gouffres brûlants!
    Je prévois trop quelle ressource
    Je vais perdre chez les vivants.
    Mais, après tout, je m'en console :
    Quand tu seras dans nos cantons,
    Toutes les classes des démons
    Iront s'instruire à ton école
    Et profiter de tes leçons.
Je te puis assurer, foi d'Archange rebelle,

Que tu seras le bienvenu
Et dignement fêté dans le rang qui t'est dû
Parmi les citoyens de la braise éternelle.

. . . .

Quand tu viendras dans ce séjour,
Je veux qu'avec éclat, pour chômer ce grand jour,
Notre allégresse se déploie.
Ce ne sera que bals et festins à ma cour,
Tous les feux de l'enfer seront des feux de joie.
Dès longtemps mon fourrier t'y prépare un hôtel
Un peu plus chaud que celui des *Délices,*
Tout à côté du repaire éternel
Où logent Vanini, Toland et leurs complices.
Là tu pourras promener tes caprices
Et contempler au loin des lacs étincelants,
Des fleuves orageux, des rochers fulminants
Flanqués de vastes précipices
Et de cent gouffres mugissants.
Ce Belvéder de l'infernale rive,
Pour amuser un écrivain,
Vaut bien la froide perspective
De la ville et du lac des enfants de Calvin.

. . . .

En attendant, cher ami, je t'invite
A maintenir ton cœur endurci dans le mal,
Sans jamais réfléchir sur le terme fatal
Où ton déclin se précipite.

. . . .

Souviens-toi qu'au mépris du vulgaire chrétien,
Un savant, épuré de crainte et d'espérance,

Comme Epicure ou Lucien,
Tient son rang jusqu'au bout, et doit, par bienséance,
  Vivre en athée et mourir comme un chien !
Il est beau d'affronter le péril à ton âge,
    Tel qu'un nocher audacieux
  Que la foudre environne, et qui brave les cieux
    En blasphémant dans le naufrage.
Ne va pas imiter ce poltron de Normand, (¹)
    Qui, par forme de testament,
Touché de repentir de son goût pour la scène,
Rima tout A-Kempis, — indigne monument !
  Ni ce Ruffus (²), vil objet de ta haine,
Qui redouta l'Enfer et finit saintement ;
    Ni ce benêt de La Fontaine
    Qui mourut aussi lâchement.
  Eh ! que diraient les bandes interdites
De ces enfants perdus qui volent sur tes pas,
Si leur vieux général, aux portes du trépas,
Flétrissait ses lauriers par des craintes subites ?
    Tu sens quel coup cela me porterait.
      Bientôt chacun s'alarmerait,
      Car la crainte se communique,
      Et mon rival triompherait
      Dans le parti philosophique.
  D'ailleurs, comment te réconcilier

(¹) Le grand Corneille, qui traduisit l'*Imitation* aux dernières années de sa vie.

(²) Jean-Baptiste Rousseau.

Avec ce Dieu d'éternelle vengeance?
Pourrais-tu lui faire oublier
Par dix mille ans de pénitence
Tant d'écrits scandaleux qu'on t'a vu publier,
Tant d'outrages et de licence?
Mais, s'il t'invite à la résipiscence
Et cherche à t'y déterminer,
Crois-moi, résiste-lui; dérobe à sa clémence
La gloire de te pardonner.
Soit qu'il t'appelle, ou qu'il tonne, ou menace,
Ranime ta vertu, redouble tes efforts,
Munis ton cœur d'une triple cuirasse
Contre l'aiguillon du remords
Ou contre l'attrait de la grâce,
Et poursuis sans mollir tes travaux mémorables!
Prodigue en forcené le mensonge et les fables;
Frappe, confonds, détruis et renverse à la fois
La morale du Christ, ses temples et ses lois.
Que l'Enfer s'en étonne, et qu'enfin tous les diables
Rugissent de plaisir au bruit de tes exploits!

L'auteur de ces vers ne cachait pas son nom. Une lettre d'envoi, datée d'Orgelet, accompagnait l'épître et portait cette signature :

« Docteur Claude-Marie GIROD. »

Ce docteur était, je ne dis pas un poète de

premier ordre (le spécimen qu'il vient de nous donner de son talent pour la rime paraîtra peut-être médiocre à un goût bien épuré), mais c'était un homme de véritable science, et, ce qui ne gâtait rien, un catholique sincère. La lecture des œuvres du philosophe l'avait profondément indigné.

Vers la fin de la semaine qui suivit le départ de son épître pour Ferney, une berline de voyage s'arrêta devant sa maison.

Presque aussitôt un grand vieillard, vêtu d'un habit de velours grenat, l'œil animé, la perruque en désordre, descendit assez prestement du véhicule et demanda le docteur Girod.

Quand les domestiques l'eurent introduit, il refusa le fauteuil qu'on lui avançait, croisa les mains, en les appuyant sur sa longue canne à pomme d'ivoire, regarda quelque temps en silence le maître du logis, et finit par dire, en hochant la tête :

— Vous n'avez pourtant pas l'air d'un imbécile, Monsieur!

— Je m'applique autant que possible à n'en avoir ni l'air ni la chanson, répondit le docteur en souriant.

— Ce qui ne vous empêche pas de croire au diable et aux supplices éternels. Savez-vous que je n'ai pas dormi depuis cinq jours, et que vous m'avez donné la fièvre?

Le docteur tressaillit, se leva gravement et salua.

— Je vois, dit-il, que c'est à monsieur de Voltaire que j'ai l'honneur de parler.

— A monsieur de Voltaire lui-même. J'ai pris sur vous des informations, et, je dois le dire, elles sont plus que satisfaisantes. Voulez-vous être mon médecin?

— J'ai mes clients, que je ne puis abandonner.

— Vous me traiterez par correspondance.

— De cette façon j'accepte. Médecin du corps, ou médecin de l'âme?

— De l'un et de l'autre.

— Sérieusement?

— Très-sérieusement. Dictez les ordonnances.

Ils eurent un entretien de plus de deux heures, après quoi le prince de l'Encyclopédie remonta en berline et regagna Ferney à grandes guides.

X.

Mort de Voltaire

Tout le pays tomba des nues, lorsqu'on le vit, au retour de ce voyage, faire chaque matin une visite au presbytère, et assister pieusement ensuite à la messe du curé.

Le hameau de Ferney avait une chapelle qui tombait en ruines, Voltaire donna des fonds pour la faire reconstruire; il y accomplit, cette année là, le devoir pascal et y adressa, le dimanche de Pâques, aux paroissiens assemblés une allocution sur le vol.

Informé de ces détails inattendus, l'évêque d'Annecy envoya dire au philosophe que tout cela était fort bien; mais qu'il devait se rétracter et condamner lui-même ses œuvres, s'il ne voulait pas que sa confession et sa communion devinssent un surcroît de scandale. Voltaire rechigna d'abord et répondit à l'évêque par des fins de non recevoir. Pressé de nouveau, il se décida à écrire une rétractation, signée et certifiée par les témoins dont voici les noms :

Gros, curé de Ferney.

Frère Claude-Joseph, capucin.

Pierre Larchevêque, syndic.

Etienne Maugié.

Pierre Jacquin.

Bugros, chirurgien. (1)

---

(1) *Recueil des particularités curieuses de la vie et de la mort de Voltaire*, par Elie Harel.

Cette pièce curieuse, contrôlée à Gex, le 15 avril 1769, porte en outre le certificat et l'attestation de M. RAFFO, notaire royal au bailliage.

Elle fut publiée par les journaux suisses et jeta l'Encyclopédie dans un état de fureur impossible à peindre. Diderot et le baron d'Holbach partirent au plus vite en députation à Ferney. On circonvint de mille et une manières le patriarche repentant. L'*Épître du diable* fut découverte, tournée en dérision, conspuée, sifflée, et brûlée par un homme vêtu de rouge, qui simulait le bourreau. Des femmes impures se mirent de la partie et s'appliquèrent à réveiller dans l'âme du vieillard tous les instincts du vice et de la dépravation. Bref, les efforts de cette bande cynique de philosophes et de courtisanes furent couronnés d'un plein succès.

Voltaire se mit à rire aux éclats de ce qu'il appelait son *plongeon*.

Il reprit la plume et fit amende honorable à

l'Encyclopédie, en publiant quatre ou cinq nouveaux ouvrages, plus chargés d'immondices et de pourriture que tous ceux qu'il avait rétractés.

A partir de cette époque jusqu'au jour où on lui permit de revoir la capitale, une surveillance active fut exercée autour de lui.

Messieurs les philosophes avaient leur police secrète, et les espions faisaient bonne garde. On démentit à grand orchestre les bruits de conversion qui avaient couru. Les journaux suisses furent accusés de mensonge, et, pour mieux persuader au public qu'il avait été dupe d'une manœuvre des gens d'Eglise, on trouva deux ou trois cents colporteurs qui, bravant la défense des lois et la sévérité du châtiment ([1]),

---

([1]) « Jean Lécuyer et sa femme furent condamnés, le premier à la marque et aux galères, et la seconde à cinq années de détention pour avoir colporté l'*Homme aux quarante écus* et d'autres livres prohibés. » (Nicolardot, *Ménage et finances de Voltaire*, page 344). A cette époque Voltaire joignait à ses livres irréligieux une foule de brochures républicaines en prose ou en vers. Le flatteur de Louis XV, de Frédéric de Prusse,

répandirent à profusion jusqu'aux derniers recoins de la province les nouveaux livres du patriarche.

Enfin l'autorisation de revenir à Paris fut accordée à Voltaire.

Un mois à l'avance on prépara tout pour le

---

de Georges d'Angleterre, de Catherine de Russie, de Marie-Thérèse d'Autriche, des rois de Suède et de Danemark, et de tant d'autres souverains ou souveraines, n'avait pas assez d'encre pour noircir les monarchies, et prodiguait injures et diatribes à ceux-là mêmes qu'il avait le plus encensés. C'était au pape surtout qu'il cherchait à créer des embarras politiques. Il écrivait en Italie : « Quoi ! les villes impériales d'Allemagne ont des évêques libres, *et vous, Romains, vous ne l'êtes pas?* Il s'en faut beaucoup que le sultan des Turcs soit *aussi despotique* à Constantinople *que le pape l'est à Rome.* Vous périssez de misère sous de beaux portiques. Vous êtes nés serfs, vous mourrez serfs, et *vous n'avez d'huile que celle de l'extrême-onction.* Éveillez-vous, Romains, à la voix de la *liberté*, de la *vérité* et de la nature ! Cette voix éclate dans l'Europe, *il faut que vous l'entendiez.* Rompez les chaînes qui accablent vos mains généreuses, chaînes forgées par la *tyrannie* dans *l'antre de l'imposture.* » On voit quelle est la véritable source de la QUESTION ROMAINE : tous les raisonnements reproduits de nos jours sont puisés dans les *Œuvres* de Voltaire. La queue parle comme la tête.

recevoir. Une liste de souscription courut la ville et des sommes considérables furent obtenues. On paya l'enthousiasme, on lança des flots hurlants de population autour du char de ce nouveau triomphateur.

A la Comédie-Française, Voltaire présent, on couronna le buste de Voltaire.

La salle faillit crouler sous les bravos; on criait, on pleurait, les hommes agitaient leurs tricornes, les femmes envoyaient des baisers au vieux patriarche, et, lorsqu'il sortit du théâtre, le peuple qui entourait son carrosse le bombarda de bouquets de roses.

Rentrant le soir, épuisé d'émotions, saturé de flatteries, il eut un violent accès de fièvre.

Le marquis de Villette, chez lequel il avait mis pied à terre, s'empressa d'avertir un prêtre, qui accourut; mais il y avait là toute une légion d'Encyclopédistes. Devant eux Voltaire fit bonne contenance, et le prêtre dut se retirer, annonçant toutefois qu'il restait à la disposition du malade.

C'était M. l'abbé Gaultier, vicaire de Saint-Sulpice.

Deux jours après, le philosophe eut un flux de sang qui le jeta dans une faiblesse extrême. Il se crut perdu, demanda une plume et de l'encre, et traça d'une main tremblante le billet que voici :

« A Monsieur l'abbé Gaultier.

» Vous m'avez promis, Monsieur, de venir pour m'entendre ; je vous prie de vous donner la peine de venir le plus tôt que vous pourrez.

» 26 février 1778.   Voltaire. »

Occupé près d'un autre agonisant, le prêtre ne rentra qu'à une heure avancée. La lettre ne lui fut pas remise, et, le lendemain au point du jour, on lui en apportait deux à son lever. La seconde était ainsi conçue :

« Madame Denis, nièce de M. de Voltaire, prie M. l'abbé Gaultier de vouloir bien venir le voir; elle lui sera très-obligée.

« 27 février 1778. — Chez M. le marquis de Villette. »

Le vicaire alla prendre les instructions du curé de Saint-Sulpice, qui lui ordonna d'exiger avant tout une rétractation explicite. Il fallut, pendant deux jours, lutter contre messieurs les philosophes qui n'entendaient pas de cette oreille. Enfin le prêtre l'emporta sur eux.

Voici la rétractation dans toute sa teneur :

« Je déclare qu'étant attaqué, depuis quatre jours, d'un vomissement de sang, à l'âge de quatre-vingt-quatre ans, et n'ayant pu me traîner à l'église, M. le curé de Saint-Sulpice a bien voulu ajouter à ses bonnes œuvres celle de m'envoyer M. l'abbé Gaultier, prêtre; — que je me suis confessé à lui, et que, si Dieu dispose de moi, je meurs dans la religion catholique où je suis né, espérant de la miséricorde divine qu'elle daignera pardonner toutes mes fautes. Si j'ai scandalisé l'Eglise, j'en demande pardon à Dieu et à elle.

» VOLTAIRE.

» 2 mars 1778. — Dans la maison de M. le marquis de Villette, en présence de M. l'abbé Mignot, mon neveu, et de M. le marquis de Villevieille, mon ami. »

Au bas, signé : « MIGNOT, VILLEVIELLE. »

Déposée en l'étude de maître Momet, notaire à Paris, cette pièce a été rendue publique.

A peine Voltaire eut-il reçu les sacrements qu'il éprouva un mieux sensible. Les Encyclopédistes, un instant écartés, rentrèrent dans sa chambre et ne le quittèrent plus. Il plaisanta aussitôt avec eux de ce qu'il appelait sa *fantaisie de pénitence*, oubliant ses terreurs à mesure que la santé lui revenait, et jouant pour la cinquième ou sixième fois de sa vie avec la miséricorde divine, qui enfin l'abandonna.

Vers le milieu du mois de mai suivant, une rechute grave l'ayant cloué de nouveau sur son lit de douleur, il voulut encore appeler un prêtre; mais l'Encyclopédie avait juré que pour le coup la victoire lui resterait. D'Alembert, Marmontel et Diderot s'installèrent au chevet du malade, se montrèrent sourds à ses réclamations et chassèrent le curé de Saint-Sulpice, dont les tentatives pour forcer la consigne furent inutiles. Voltaire mourut dans un hideux désespoir. De toutes les maisons d'alentour on put entendre ses cris de rage.

Nous n'avons pas à ajouter un mot de plus.

Dieu sait le reste.

On refusa de l'inhumer en terre sainte et de lui rendre aucun honneur funèbre.

Louis XVI, qui avait expressément interdit au vieux philosophe de paraître à Versailles, donna l'ordre au Théâtre Français de rouvrir ses portes, que les comédiens avaient voulu fermer pour trois jours. D'Alembert, au nom de l'Académie, alla demander aux pères Cordeliers un service pour le repos de l'âme de Voltaire, contradiction aussi étrange que ridicule avec sa conduite impie au chevet du moribond. Les Cordeliers ne crurent pas devoir accueillir sa requête.

En revanche, quinze années plus tard, les citoyens Conventionnels firent porter au Panthéon le cadavre de l'homme qui avait nié toutes les lois, brisé tous les freins, rompu toutes les digues.

« Semblable, dit le comte de Maistre, à cet insecte, fléau des jardins, qui n'adresse ses morsures qu'à la racine des plantes les plus précieuses, Voltaire, avec son aiguillon, ne cesse de piquer les deux racines de la société, les femmes et les jeunes gens; il les imbibe de ses poisons, qu'il transmet ainsi d'une génération à l'autre. C'est en vain que, pour voiler d'inexprimables attentats, ses stupides admirateurs nous assourdissent de tirades sonores, où il a parlé supérieurement des objets les plus vénérés. Ces aveugles volontaires ne voient pas qu'ils achèvent ainsi la condamnation de ce coupable écrivain. Si Fénélon, avec la même plume qui peignit les joies de l'Eglise, avait écrit le livre du *Prince,* il serait mille fois plus vil et plus coupable que Machiavel. Le grand crime de Voltaire est l'abus et la prostitution réfléchie d'un génie créé pour célébrer Dieu et la vertu. Avec une fureur qui n'a pas d'exemple, cet insolent blasphémateur en vient à se déclarer l'ennemi personnel du Sauveur des hommes; il ose, du fond de son néant, lui donner un nom ridicule, et cette loi admirable que l'Homme-Dieu apporta sur la terre, il l'appelle l'*infâme.* D'autres cyniques étonnèrent la vertu, Voltaire étonne le vice. Il se plonge dans la fange, il s'y roule, il s'en abreuve; il livre son imagination à l'enthousiasme de l'Enfer, qui lui prête toutes ses forces pour le traîner jusqu'aux limites du mal. Il invente des prodiges de perversité, des monstres de corruption qui font pâlir. Paris le couronna, Sodôme l'eût banni.

» Quand je vois ce qu'il pouvait faire et ce qu'il a fait, ses incontestables talents ne m'inspirent plus qu'une espèce de rage sainte qui n'a pas de nom. Suspendu entre l'admiration et l'horreur, quelquefois je voudrais lui faire élever une statue... par la main du bourreau.

» Je relisais dernièrement ses exécrables blasphèmes, au sujet des désastres causés par le tremblement de terre de Lisbonne.

» Et qu'aurait-il dit, ce téméraire, si, au moment où il écrivait ces lignes atroces, il eût pu voir tout à coup, dans un avenir peu reculé, le comité de salut public, le tribunal révolutionnaire et les longues pages du *Moniteur* toutes rouges de sang ? »

XI

Premiers tronçons de la queue.

Voilà le résumé succinct de l'opinion de Joseph de Maistre sur Voltaire.

Et, quand M. Arsène Houssaye, avec son livre, quand ce curieux Jules Janin, avec sa préface redondante et sotte, viennent contredire ce langage solennel du talent et de la vertu, on ne peut que hausser les épaules et sourire de pitié.

Qu'est-ce, je vous le demande, que ces écrivains à oripeaux et à paillettes, ces habitués de coulisse, dont le sens et la raison vacillent comme les tréteaux d'un théâtre? Où est l'autorité de leur plume? où est la conscience de leurs écrits? Les voyez-vous fouiller dans l'égout du voltairianisme et disputer à l'avidité des rats les collections poudreuses de l'ancien *Constitutionnel*, afin de retrouver la trace du système?

Ils oublient qu'il ne reste plus de Voltaire qu'un souvenir, et un souvenir de malédiction, qui n'est même plus de notre époque.

Le joli métier vraiment que ces messieurs font là, pour complaire à deux ou trois bourgeois ignorants, ou à quelques épiciers têtus, qui s'obstinent encore à s'envelopper dans un pan de la robe de chambre du philosophe incrédule et libertin!

Voltaire est mort. Ses cendres sont dans les caves du Panthéon, qu'elles y restent. Allez visiter dans ces cryptes funèbres le froid et lourd monument qui garde ses os. Les pierres suintent et l'herbe croît autour des pavés. Je n'ai vu qu'un sentier frayé dans cette herbe : il conduit à Sainte-Geneviève.

Voltaire est mort, et son œuvre a porté ses fruits, — fruits amers et empoisonnés.

Remuez cette cendre, vous ne trouverez plus qu'une poussière inerte. Frappez sur le couvercle de ce sépulcre à jamais fermé, le sépulcre ne rendra plus aucun son. Notre siècle a tiré de Voltaire tout ce qu'il était possible d'en tirer. On a usé et abusé de ce nom jusqu'à le rendre ridicule comme un lieu commun ; on a tout pensé, tout dit, tout écrit ; c'est le sujet anatomique sur lequel deux générations ont porté le scalpel de l'analyse. L'œuvre entière a été mille fois disséquée, mille fois tournée et retournée dans tous les sens et dans tous les contre-sens. Tout le monde a battu le briquet contre cette pierre pour faire jaillir l'étincelle.

Et que d'imprudents s'y sont brûlés les doigts!

Philosophes, penseurs, historiens, physiologistes, psychologues, poètes, romanciers ont tenu à dire leur mot, à exprimer leur opinion sur Voltaire. Ceux-ci l'ont porté au Capitole, ceux-là l'ont traîné aux gémonies. Les uns l'ont appelé colosse, les autres l'ont appelé charogne immonde.

Quelque ignominieuse que paraisse la seconde qualification, elle se rapproche seule de la vérité.

Si l'on veut avoir la mesure de la gloire de Voltaire, à l'heure qu'il est, qu'on prenne le contre-pied de la fable des *Bâtons flottants* :

De loin c'est quelque chose, et de près ce n'est rien.

Ces grandes renommées du vice produisent un effet diamétralement opposé à celui que mentionne Lafontaine : de près elles semblent gigantesques, et l'éloignement les réduit à des proportions mesquines. Chaque année qui passe leur enlève un rayon, les dépouille d'un prestige ; les contours s'accusent, l'ensemble apparaît dégagé des brumes grossissantes de l'enthousiasme.

Aujourd'hui seulement le héros de MM. Arsène Houssaye et Jules Janin peut être étudié à son juste point de vue.

On a fait la part de l'homme et la part du philosophe ; on a fait aussi la part de l'écrivain, et ce dernier seul ne reste pas le sac vide. Nous tenons les fils divers qui faisaient mouvoir l'automate encyclopédique sur la scène de l'Europe, un instant remplie de son exubérante personnalité ; nous démêlons tous les petits intérêts de cette vie d'intrigue, de rage, d'inconséquence et de blasphème.

Puis, au-dessus des considérations humaines, nous voyons planer la Providence, qui, selon les fautes et les siècles, mesure le fléau et le châtiment.

Aux nations plus corrompues que civilisées, elle envoie Attila, le roi barbare, qui traverse le monde, laissant derrière lui un sillon sanglant, — Attila qui disperse les peuples ou les entraîne à sa suite, les remue, les confond, les entasse, les pousse les uns contre les autres, jusqu'à ce qu'une civilisation neuve sorte de ce chaos humain.

A la vieille société, gangrenée jusqu'à la moëlle et rongée de l'ulcère des vices, elle envoie Voltaire, le philosophe railleur, qui renverse toutes les croyances, bouleverse toutes les idées, les ameute les unes contre les autres, et, nouveau Samson, embrassant les colonnes de l'édifice vermoulu, les secoue et les ébranle, jusqu'à ce que tout s'écroule dans la confusion, dans la poussière et dans le sang.

Tel a été le rôle de l'homme.

Il allait, instrument aveugle, fléau de Dieu, accomplissant sa tâche de désordre et de ruine, sans en comprendre la terrible portée. Ah ! s'il avait pu seulement, ce vieillard, vivre quelques années encore, on l'aurait vu frissonner d'épouvante aux refrains sanguinaires des hordes de 93, qu'il avait déchaînées, et aux écroulements du corps social, dont il avait miné la base!

Qui sait? peut-être eût-il, avant tout autre, gravi les marches glissantes de l'échafaud, niveleur sinistre, dont il avait préparé l'avènement et le règne.

Voltaire acheva de corrompre un siècle, qui lui avait inoculé le germe de la corruption.

Enfant, on lui donne pour parrain un abbé sans abbaye, débauché cynique et froid, qui lui apprend à lire dans un recueil licencieux. Une courtisane lui lègue sa bibliothèque.

Jeune homme, c'est au bruit des orgies de la Régence, alors que tous les vices roulaient à plein égout, qu'il rime ses premiers poèmes. En jetant ses regards d'un bout de la société à l'autre, il n'y voit que crimes et scandales, débauches et bassesses, abus criants et complaisances infâmes. Il s'engage avec la foule dans cette voie maudite, se livre à toutes les licences, et, pour expier la moins coupable, se trouve jeté au fond d'un cachot, d'où il ne sort que pour essuyer un sanglant outrage.

Vengeance! s'écrie-t-il. Mais la vengeance lui échappe; il doit dévorer son affront.

Sa destinée est faite : *Alea jacta est.*

Il a failli devenir enclume, il veut être marteau. Sa haine déborde avec un éclat de rire étrange; rire éternel, qui lui serre la gorge et contracte ses lèvres; rire convulsif et féroce, qui ne s'achèvera que dans les hoquets de sa dernière heure. Il sera marteau! c'est-à-dire que sans trêve et sans relâche il va saper les assises sociales. Il sera marteau! c'est-à-dire qu'il ne passera pas un jour sans frapper à coup sûr avec une arme lâche, le ridicule. On le verra confondre tout dans les mêmes plaisanteries acerbes, dans les mêmes arlequinades sacriléges, préjugés, raisons, pudeur, morale, hommes et choses, tout, jusqu'à Dieu même!

Et, pour couronner cette œuvre de démence furibonde, il écrira, déjà vieux, ces livres qu'on n'ose nommer entre honnêtes gens, et qui suffisent à eux seuls pour couvrir sa plume d'opprobre.

Ne lui demandez ni ordre, ni méthode, ni bonne foi, ni logique : il se moque de cela, pourvu que son œuvre avance.

Peu importe où il frappe, si la ruine est faite.

Ses coups sont déloyaux, tant pis pour l'adversaire!

Il promène à plaisir le brandon de l'incendie, se rue contre tout ce qui existe, brise pour briser, avec rage, avec délire, jusqu'à ce que la vieillesse l'étende sur les débris qu'il entasse, jusqu'à ce que son dernier soupir se confonde avec le dernier souffle de la royauté agonisante, avec le dernier craquement de la société qui s'effondre, avec le premier cri de guerre de 89 !

Tel a été le rôle du philosophe.

Scapin de génie, rossé aux premiers actes de la pièce, il eut son apothéose au dénouement. On couronnait sa statue ; le parterre et les loges battaient des mains, — lui ricanait encore.

Metteur en scène sans pareil, il sut disposer sa vie plus habilement que ses pauvres œuvres dramatiques. Rarement il essuya des sifflets hors du théâtre. Acteur favori sur la scène de l'impiété et de la débauche, il n'avait qu'à paraître, les rieurs étaient de son côté. Tous les contemporains furent pris à cette habile comédie de chaque jour, et, pour achever dignement sa carrière, l'inimitable histrion légua aux charlatans futurs le magnifique boniment qui lui avait servi à tromper son siècle.

Nous voyons aujourd'hui une foule d'aimables disciples, se partager son héritage.

Le beau Renan, membre de l'Institut, succède à Voltaire dans sa haine acharnée contre le Christ, avec des formes moins violentes, mais plus perfides.

George Sand emprunte au patriarche sa morale et sa bonne foi.

Michelet lui prend son cynisme et le surpasse en peintures obscènes.

Proudhon chausse le sabot brutal avec lequel il trépignait sur le terrain politique et religieux.

Le jeune About revendique sa boîte à épingles et veut essayer ses manchettes, — caprice de littérateur en bas âge.

Il ne reste plus que la perruque du vieillard et son style : je souhaite l'un à M. Arsène Houssaye et j'accorde l'autre très-volontiers à ce bon M. Janin.

Si le *Roi Voltaire* a eu beaucoup de lecteurs, je l'ignore; mais à coup sûr c'est un roi sans sujets.

Essayer, à notre époque, une apologie sérieuse de ce philosophe est une mauvaise action. Benjamin Constant, qui, dans l'autorité du discours, dépasse de cent coudées MM. Houssaye et Janin, s'écrie :

« Le voltairianisme descend de ses tréteaux usés ! Pour rire encore avec Voltaire aux dépens des livres saints, il faut posséder deux qualités qui rendent cette gaieté fort triste : une grande ignorance et une grande légèreté. »

M. de Bragelonne, dans une de ses chroniques, parle ainsi à l'auteur du *Roi Voltaire :*

« Vous mettez votre talent, Monsieur, au service d'une méchante cause. Quelle était donc la royauté de Voltaire ? Celle de l'esprit ; mais les ducs d'Ayen (¹), de Richelieu et de Nivernais,

---

(¹) C'est le duc d'Ayen qui a fait un mot devenu célèbre, au moment où les brochures de Voltaire sur Calas avaient tant de retentissement. On cherchait à excuser le tribunal qui avait condamné le protestant de Toulouse. « — Que voulez-vous, disait une dame, il n'y a pas de bon cheval qui ne bronche.

ses contemporains, ne baissèrent jamais pavillon devant lui. L'abbé Maury et Rivarol, sans compter Beaumarchais, l'eussent maté. Fréron, si calomnié par Voltaire, Fréron, le pauvre et incorruptible Fréron, tout aussi spirituel que Voltaire, lui était supérieur sous le rapport du goût. Dispensez-vous donc d'ériger une nouvelle statue à ce philosophe. N'est-ce pas assez de la

— A la bonne heure, répondit le duc, mais toute une écurie ? » Voltaire aurait donné l'in-folio de *mémoires*, griffonnés par lui sur le procès, pour avoir trouvé cela. On lui a prodigué d'interminables louanges à propos de la réhabilitation de Calas, amenée par ses soins, et dans laquelle il n'a cherché qu'un moyen de propagande antireligieuse. « Rien n'est moins prouvé, dit l'auteur des *Soirées de Saint-Pétersbourg*, que l'innocence de Calas. Il y a mille raisons d'en douter, et même de croire le contraire. » Et c'est peut-être dans les preuves de culpabilité recueillies après cette réhabilitation qu'il faut chercher le secret de la répugnance de la magistrature à revenir aujourd'hui sur une chose jugée. Voltaire, pour avoir injustement soulevé l'opinion et pris le parti d'un *coupable* de son siècle, enlève aujourd'hui toute espérance aux victimes judiciaires. Il écrivait à Tronchin, le célèbre docteur de Genève : « Vous avez trouvé mon Mémoire sur Calas trop chaud, je vous en prépare un autre au *bain-marie*. » Ce soi-disant vengeur de l'innocence bouffonnait avec son rôle.

hideuse effigie condamnée, dans le vestibule de la Comédie-Française, à exciter par son éternelle grimace l'hilarité des laquais, groupés autour du poêle? »

M. de Bragelonne a raison.

Pas d'autre statue à Voltaire que celle dont parle le comte de Maistre! — A moins qu'on ne choisisse, au lieu du bourreau, pour ériger ce marbre, les incrédules modernes et leurs lecteurs, je veux dire les bourgeois niais et corrompus qui applaudissent encore aux gredineries encyclopédiques.

Ce sera moins cruel, et tout aussi peu honorable.

Je ne terminerai pas ce chapitre, sans adresser le témoignage de mon admiration à un courageux magistrat, M. Rabou, procureur général de la cour de Caen, qui, dans un de ses derniers discours de rentrée, a vaillamment porté la hache au piédestal du vieux loup de Ferney.

M. Rabou, frère de l'écrivain de ce nom, a pris pour thème le *Retour aux idées et aux pratiques religieuses.*

Après avoir constaté l'indifférence en matière de religion, fléau qui a désolé le dix-huitième siècle et la première moitié du dix-neuvième, il montre combien est digne de l'exécration des peuples l'écrivain licencieux, blasphémateur, sans conscience et sans vergogne, qui a commis au premier chef le crime de lèse-nationalité française, en jetant à la grande figure de Jeanne d'Arc les ordures de sa pensée et les rimes de sa muse impudique.

XII

Quatre-vingt-cinq ans d'histoire
à ne plus recommencer.

Voltaire est mort le 30 mai 1778.

Il laissa derrière lui pour achever sa tâche infernale Diderot, Marmontel, d'Alembert, Pechméja, Condorcet, le baron d'Holbach, Jean-Jacques Rousseau, Grimm, Raynal, et ce malheureux Laharpe, qui regretta si amèrement plus tard son affiliation avec ces ouvriers d'opprobre.

Les Encyclopédistes sentaient croître leur audace et redoublaient d'efforts sous le règne du faible Louis XVI.

Une noblesse frappée de vertige s'appliquait à leur faire la courte échelle.

Ces honnêtes publicistes trouvaient des influences pour les appuyer, chaque fois qu'il s'agissait d'esquiver la législation ou de souffleter le pouvoir. Au moyen des troupes de colporteurs qu'ils avaient à gages, — tous gens de sac et de corde, ou repris de justice experts à narguer la maréchaussée, — ils répandaient d'un bout de la France à l'autre, avec leurs propres livres, d'innombrables éditions des volumes les plus infects du patriarche de Ferney.

Ils empoisonnèrent à la lettre le pays.

Ces œuvres infâmes se glissaient partout. Le venin fermenta dans les masses populaires, sous le toit des familles les plus humbles; chaque maison devint un foyer de libertinage, une école de débauche; l'adultère ne fut plus qu'un jeu, la séduction de l'innocence devint un triomphe.

Plus de morale, plus de respect des lois, mépris des croyances évangéliques, dissolution et licence effrénées du haut en bas de l'échelle humaine, tel est le tableau que présentait la nation française à la fin du dix-huitième siècle.

Au milieu du chaos des principes détruits, de la religion bafouée, des vertus éteintes, un des rares moralistes de l'époque s'écriait :

« Supposez une république de Voltairiens, ce sera horrible ! »

Et ce fut horrible en effet, car l'hypothèse ne tarda pas à devenir une chose réelle. Le nuage de scandale, grossi de jour en jour par le souffle impur de la philosophie, se déversa tout à coup sur notre malheureuse France en un déluge de boue et de sang. On vit éclore des monstres au fond du nid de l'incrédulité. Les théories voltairiennes eurent la guillotine et le bourreau pour conclusion finale.

On massacra d'abord les ministres de l'Evangile.

Ceux qui échappèrent aux piques des septembriseurs, ou à l'échafaud, furent déportés sous un ciel de mort et de pestilence.

Puis, comme emblème des doctrines nouvelles, comme prêtresse de la religion philosophique, une prostituée, — simulacre immonde! — s'installa sous les voûtes du temple chrétien, à la place même du tabernacle.

La Providence, qui lâchait le fléau sur un peuple corrompu, voulait que la punition fût visible, que l'enseignement fût complet, que l'exemple effrayât les générations à venir et leur démontrât que les mêmes routes conduisent aux mêmes abîmes.

Aussi ne peut-on se défendre d'un profond sentiment de dégoût et de pitié, lorsqu'on voit aujourd'hui, moins d'un siècle après la catastrophe, des sophistes impudents présenter la Révolution comme le type infaillible du progrès, comme l'unique espérance des sociétés modernes. Ces aveugles volontaires, ces logiciens du mensonge s'obstinent à ne pas voir la main de Dieu, qui ramène le peuple au pied de la croix, après une série indescriptible de tentatives absurdes et d'efforts insensés, après la chute d'une foule d'utopies extravagantes et de systèmes aussi bizarres qu'infâmes.

A-t-on mis en avant assez d'erreurs, assez de contradictions, assez de sottises pour remplacer la doctrine du Christ?

L'Evangile, ce code céleste, réglementation suprême de tous les devoirs de l'homme, gênait M. de Voltaire : il a voulu le déchirer page à page.

Tous ceux qui lui ont succédé dans le désordre social et dans la haine de l'Eglise, gênés comme lui, ne voulant pas plus que lui se soumettre à la loi, ont cherché des enseignements nouveaux, une règle nouvelle, un moyen de concilier la passion avec le devoir, la matière avec l'esprit, de lâcher la bride et de la retenir, de faire marcher de front le bien et le mal au même attelage.

Regardez d'abord passer le Fouriérisme, avec sa déification cynique des instincts ignobles !

Un commis-voyageur, échappé de Bicêtre, reprochait au Christ d'avoir pris l'humanité à rebours et d'avoir cherché la sagesse ailleurs que dans la *sainte* doctrine des passions.

L'étalage du joli culte de Ménilmontant n'est pas non plus si loin de notre époque.

Voyez-vous le grand-prêtre Enfantin, sous le justaucorps écarlate et la tunique blanche, descendre gravement de la colline sacrée, suivi de ses quarante apôtres, vêtus comme lui de rouge et de blanc, comme lui, chaussés de bottes molles et béret en tête, le tout groupé en phalange victorieuse pour marcher à la conquête du monde !

Auriez-vous l'ingratitude inexplicable de ne pas tenir compte à ses fidèles disciples de cette ingéneuse riépartition des capacités, qui mettait si bien chacun à sa place?

> Un savant avocat, qui d'esprit étincelle,
> Fait bouillir la marmite, hache les épinards;
> Ce sont deux sous-préfets qui lavent la vaisselle;
> Un banquier plume les canards.

C'était l'âge d'or!

Et quand, sous un arrêt *motivé* d'attentat aux mœurs publiques, les tribunaux eurent dispersé la bande, supprimé l'apostolat, et réduit le grand-prêtre et ses lévites à écumer des millions dans l'industrie, n'avez-vous pas vu les sectes les plus folles se succéder l'une à l'autre?

Oubliez-vous ces curieux Templiers, sortis, au bout de cinq cents ans révolus, du bûcher dressé par Philippe-le-Bel, pour venir étaler, cour des Miracles, un mélange de franc-maçonnerie compliqué de protestantisme?

N'avez-vous pas assisté aux parades sacriléges

de l'abbé Châtel et de l'abbé Auzou, ces apostats baladins, frappés de l'interdiction diocésaine?

Cachant leur opprobre et leurs mœurs dépravées sous le manteau du schisme, ils trouvaient des imbéciles pour partisans, des coquins pour admirateurs.

A la même époque, est-ce que vous n'avez pas rencontré sur votre chemin, dans les rues de la capitale de la civilisation, cette foule de badauds qui allaient remplir les coffres de la *Démocratie pacifique*, pour mieux applaudir ensuite, de leurs mains vides, la résurrection du phalanstère, prêchée par M. Considérant?

Ne vous souvient-il plus de la *promiscuité des femmes*, de la *papillonne*, de la *théorie harmonienne*, des *génitrices* et du perfectionnement de la célèbre *queue terminée par un œil*, promis aux générations futures?

O stupidité de la race humaine!

Voilà où elle tombe, lorsqu'elle repousse le Christ et son Evangile.

Nous n'avons eu qu'un but en écrivant ce livre: rassembler sous un même point de vue les turpitudes morales, nées de la fange voltairienne (¹), et les présenter aux générations vivantes pour leur inspirer un salutaire effroi.

Parmi les signes du siècle, en voici un qui nous a paru caractéristique, et que nous offrons aux méditations des familles.

Un jeune homme de seize ans, pensionnaire au collége de Castres, était venu passer chez ses parents les vacances de Pâques. Quelques volumes d'Hégel lui étaient tombés entre les mains, et il avait annoté surtout un chapitre où le philosophe allemand semblait conclure à

(¹) Beaucoup des idées qui vont suivre nous sont communes avec un jeune collaborateur de talent, M. Lucien Dubois, qui travaillait jadis à notre journal, *La Vérité contemporaine*, sous le voile de l'anonyme, et avec M. Emile Gaboriau qui, depuis, s'est fait un nom dans les lettres.

la négation de l'immortalité de l'âme. Le dimanche, 4 avril, vers deux heures de l'après-midi, profitant d'un moment où il se trouvait seul à la maison, le jeune homme prit le fusil de son père, se déchaussa le pied droit pour mieux saisir la détente, se plaça vis-à-vis d'une glace, appuya le canon sur sa tempe et fit feu. La charge traversa la tête, sortit par l'os pariétal droit et entraîna une partie du cerveau.

Aimable génération !

Les pères étaient voltairiens, voyez ce que sont les fils.

Paix ou guerre avec soi-même, voilà l'unique question posée à l'homme ici-bas. C'est l'alternative laissée au libre arbitre de la créature par Celui qui l'a faite à son image ; ce sont les deux plateaux de la balance qui trébuchent pour chacun de nous, à droite ou à gauche, suivant que le bien ou le mal l'emporte, que le poids de nos vices ou la somme de nos vertus en fait incliner le fléau dans la main de l'Eternel.

Paix ou guerre, c'est-à-dire choix entre la vérité et le mensonge, entre l'ange et le démon.

Malheur à ceux d'entre nous qui, méconnaissant leur noble origine, et fermant les yeux pour ne point être éclairés du flambeau de leur conscience, se sont écriés dans une audace impie :

« La guerre! la guerre! Nous sommes les petits-fils de ces Gaulois qui soutenaient le ciel du fer de leur lance. La guerre! plutôt qu'une insipide paix, qu'une pâle et monotone existence, s'écoulant dans l'accomplissement du devoir, sans lutte, sans passions, sans grandes aventures. L'homme est actif et libre; il veut jouir, car son royaume est de ce monde. Du grand *peut-être* il ne doit avoir nul souci pour être parfaitement heureux. »

Orgueil, misère et démence !

De toute cette superbe, comme l'a dit le dernier Père de l'Eglise, il ne reste à l'homme pour fonds que le néant, pour acquisition que le péché.

Face à face avec ses désillusions précoces et ses hontes, il cherche un asile dans la mort.

L'homme s'est dit : « Je suis un dieu et je me suis fait moi-même. » Il cherche sa félicité dans la satisfaction de ses appétits sensuels, et il trouve sa punition dans ses propres déréglements. Sa nature s'appauvrit et se dégrade dans une recherche continuelle du plaisir, triste et lâche passion, autant qu'elle est cruelle et implacable. Il n'y a rien de plus éclatant et de plus fascinateur au monde, et tout ensemble il n'y a rien de plus faux et de plus vide.

Cette folie qui nous transporte, qui nous entraîne, qui nous enivre, nous conduit à l'asservissement en faisant chanter à notre oreille le mot de liberté. Jusqu'à la dernière heure, nous végétons, humiliés, déprimés, rabaissés sous ce joug honteux, comme des esclaves vendus.

Le matérialisme, dernier mot de l'école voltairienne, est le cancer qui ronge au cœur le dix-neuvième siècle.

Il n'est pas de bassesse que cette grossière doctrine ne consacre et ne justifie. Elle éteint si complétement toute notion du bien et du mal, du juste et de l'injuste, qu'aujourd'hui le monde se prosterne devant l'or ramassé dans la boue, et qu'il se prosternera demain devant l'or ramassé dans le sang.

Qu'a fait le matérialisme de notre littérature ? une trilogie qu'on pourrait intituler : *Le bagne, le lupanar et le charnier.*

Qu'a-t-il fait des beaux-arts, cette autre manifestation du génie de la foi ? Les œuvres les plus goûtées, celles qui seules ont le don d'émouvoir la foule, sont des compositions pornographiques, moins grossières assurément que celles du musée de Naples, mais plus démoralisantes peut-être.

Et à quel abîme ce matérialisme insensé n'a-t-il pas conduit les sciences humaines ?

Le mathématicien Vronski, charlatan illuminé et incompréhensible, se vante d'avoir trouvé *l'absolu*, la grande formule, la loi suprême, ce que les hommes appellent *Dieu* enfin, et il le note en langage algébrique !

Nous ne sommes plus à l'époque où Newton se découvrait en prononçant le nom du Seigneur.

La médecine tout entière, sauf quelques rares exceptions, a pris pour mot d'ordre ces paroles absurdes de Broussais expirant : « L'âme, voilà quarante ans que je la cherche à la pointe de mon scalpel, et je ne l'ai jamais rencontrée ! »

La philosophie positive, qui avait fait si peu de bruit du vivant de son inventeur, M. Auguste Comte, reprise et remaniée par des écrivains de style, élevés à l'école de l'hégélianisme, MM. Taine et Renan, revendique l'héritage de l'éclectisme suranné. Cette philosophie, qui a déjà forcé les portes de l'Institut et qui veut s'ouvrir celles de l'enseignement, saute d'une immense enjambée par-dessus le spiritualisme et le sensualisme, pour tomber à pieds joints dans la fange croupissante de la matière.

Feuerbach, l'un des docteurs les plus accrédités du système, l'a dit en propres termes :

« L'intelligence, à toutes ses doses, depuis 'ordinaire et simple intellect du commun des hommes jusqu'au génie, dépend de *la plus ou moins grande quantité de phosphore qui entre dans la composition de la pulpe cérébrale*. Les aliments privés de phosphore, comme la plupart des farineux, notamment les pommes de terre, ont pour effet *d'abaisser sensiblement le niveau de l'intelligence* chez ceux qui en font un usage trop exclusif. Tout au contraire, la viande, le poisson, les œufs et la *purée de pois* (heureuse purée!) ont le meilleur effet sur *le développement et l'activité de nos facultés intellectuelles.* »

Voilà bien l'idéal de la société contemporaine : une table délicate et bien servie, le beefsteak et le vin de Bourgogne. Faisons bonne chère, le chyme succulent s'élaborera en style et en esprit dans les lobes de notre cerveau.

Le système est consolant pour les restaurateurs.

Tant pis pour le malheureux artisan qui mange un pain trempé de ses larmes ! De par les illustres docteurs du panthéisme, de par ces colonnes lumineuses de la démocratie, de par ces grands prophètes de la révolution sociale, le voilà deshérité à tout jamais des fêtes de l'intelligence.

C'est le mot de Lamennais retourné : « Silence au pauvre ! » de Lamennais, ce renégat de la foi chrétienne, qui par ses coupables erreurs semble avoir préparé la voie à ces sectaires impurs.

Le matérialisme n'a pas moins hideusement défiguré l'amour. Il l'a réduit à un simple problème de tenue de livres.

Aujourd'hui, le mariage est un compte en partie double.

Madame apporte sa dot; elle stipule tant pour ses cachemires, tant pour ses diamants, tant pour ses crinolines, tant pour ses dentelles.

Monsieur achète et vend.

Tout cela se solde par un bordereau.

Des saintes affections conjugales, trésors du foyer domestique, il n'est plus question. Le mariage pourrait être défini en lui appliquant le mot cynique de madame de Staël: « C'est de l'égoïsme à deux; » mais en ce sens que chacun des époux ne songe qu'à ses propres intérêts et n'associe sa vie à une autre vie que pour arriver à une somme plus grande de jouissances matérielles.

C'est encore la guerre, sourde, implacable, haineuse, sous le masque des convenances, sous le fard des hypocrisies sociales, au lieu de la paix inaltérable et pure du mariage chrétien.

Le caractère de la vie de famille en est profondément altéré : le père et la mère perdent chaque jour de leur autorité sur leurs enfants, et nous revenons au siècle où le chevalier de Champcenetz rimait ce quatrain sacrilége :

>Ennuyeux parents, qui prêchez
>Une triste morale aux autres,
>Vous nous fîtes pour vos péchés
>Et ne vivez que pour les nôtres !

C'est surtout à la Bourse, dans cet antre infâme où s'agitent les passions de la matière les plus viles et les plus déshonorantes, où l'air qu'on respire est chargé de tous les miasmes de l'escroquerie et du vol, c'est là que cet antagonisme perpétuel des destinées humaines se produit dans sa brutalité la plus atroce. Essayez de parler de patriotisme, jetez au peuple un rêve de gloire, que l'enthousiasme fasse un instant battre les cœurs, savez-vous ce que répond la Bourse à cet élan d'un autre âge ?

Elle répond qu'on lui parle une langue qu'elle n'entend pas, et vous la voyez répliquer à la hausse des sentiments par la baisse des valeurs.

Valeur n'est pas toujours synonyme de *courage*.

Fasse le ciel que M. de Vigny n'ait pas été prophète, quand il nous disait, en voyant les croyances chrétiennes disparaître et le matérialisme trôner avec effronterie :

« La terre aura quelque jour pour empereur un usurier juif! »

XIII

La chair et l'esprit.

Dans une de ses conférences à Notre-Dame, un jésuite, le révérend père Félix, a osé prétendre qu'il y a dans l'homme deux principes, l'esprit et la matière, le corps et l'esprit.

Il a poussé les choses au point de proclamer la supériorité du principe spirituel sur le principe matériel, de l'âme sur le corps, affirmant que l'équilibre entre eux est impossible; que, si l'esprit n'y met ordre et ne revendique ses droits à la suprématie, il ne tarde pas à tomber dans les aberrations dégradantes des sens et à être vaincu par la matière, d'autant plus puissante que nos penchants les moins nobles conspirent en sa faveur.

Enfin, il a eu l'audace de déclarer que celui-là seul est capable de choses grandes, généreuses, héroïques, qui subordonne sa chair à son esprit, et que l'homme est puissant par la vertu, en proportion même de la suprématie qu'il accorde à son âme sur son corps.

Bref, cela s'écarte complétement du système de Feuerbach.

Au bruit de ces effroyables principes du jésuitisme et de l'ultramontanisme, l'ombre de Saint-Simon a tressailli sous la tombe. Le père Enfantin a jeté les hauts cris, et M. Jourdan, du *Siècle*, blessé dans sa chair, c'est-à-dire dans la partie la plus sensible de lui-même, a répondu au père Félix par un article que nous ne qualifions pas, mais dont nous reproduisons à peu près le sens :

« Va, rassure-toi, pauvre chair persécutée ! Tu n'as plus à redouter les menaces et les attaques, dont ne cesse de te harceler, depuis dix-huit siècles, le catholicisme, ton plus mortel ennemi. Assez longtemps l'esprit a prévalu sur toi ; assez longtemps l'âme t'a soumis à son joug odieux. Le règne du ventre est arrivé ! Voici venir les glorieux apôtres de la réhabilitation de la chair, les restaurateurs de la fange matérielle, les sauveurs de la société au point de vue de l'estomac ! »

Puis le grave rédacteur ajoute, — et, cette fois, nous le citons en toutes lettres :

« La chair vient de Dieu au même titre que l'esprit et doit marcher son égale. Pourquoi cette déplorable lutte entre eux ? pourquoi ce dualisme impie, cause de tous nos maux ?

Est-ce assez catégorique ? est-ce assez limpide ?

A ce discours, tous les échos de la sacrée colline tressaillent et reconnaissent la pure doctrine saint-simonienne.

Silence donc, jésuites menteurs! Apprenez à abaisser votre esprit orgueilleux au niveau de votre chair. L'un et l'autre sont l'œuvre de Dieu, et toutes les œuvres de Dieu, matérielles ou immatérielles, sont égales...

C'est M. Jourdan qui l'affirme.

Le christianisme avait dit à l'homme :

« Humilie ta chair, dompte tes penchants honteux, cause unique de tes fautes. Elève ton esprit dans les sphères supérieures, dresse-lui un trône dans la partie la plus haute de ton être; donne-lui ta foi pour diadême, ta conscience pour sceptre et ta chair pour escabeau! »

Mais viennent le saint-simonisme et le *Siècle*, le père Enfantin et M. Jourdan, qui s'écrient :

« Blasphème! Pourquoi l'attribuer, esprit superbe, un empire usurpé? pourquoi tyranniser la chair, ton égale? Ses *penchants* ne sont-ils pas *aussi légitimes* que les tiens? Ton règne est la déchéance de l'humanité. Le progrès ne s'effectuera que le jour où la chair, que tu astreins au rôle de vassale, partagera l'empire avec toi! »

Il faut le proclamer à la gloire de l'école philosophique moderne, la théorie du catholicisme est bien mesquine, bien étroite, bien terre à terre. Sa morale est d'une mince portée; elle est digne tout au plus de l'obscurantisme du moyen âge.

Combien celle du père Enfantin et de M. Louis Jourdan la surpassent en élévation!

« O homme! grogne le porc en se vautrant dans son ordure, c'est en vain que tu t'enorgueillis de ta supériorité : notre origine est commune; ma chair est la sœur de ta chair, et par conséquent l'égale de ton esprit. Si l'un de nous deux avait le droit de revendiquer la primauté, ce serait moi sans conteste. Regarde!

ma chair est plus grasse que la tienne, et je pèse cent livres de plus que toi. Cessons de nous quereller, fraternisons et embrassons-nous! »

« Jamais de porc à porc il n'y eut d'injustice;
Notre bauge est pour nous le temple de la paix. »

Voilà un animal qui a lu Voltaire, et que je soupçonne d'avoir étudié la philosophie à Ménilmontant.

Au *Siècle* seul il appartient de prêcher de tels principes et de les répandre dans les masses populaires. Le succès de ses doctrines est assuré. Celui qui parle aux hommes de leurs devoirs aura toujours tort contre celui qui flatte leurs instincts dépravés et leurs passions ignobles.

Sursùm corda! dit le christianisme.

Sursùm ventres! dit M. Jourdan.

L'esprit seul répond à la foi chrétienne; tous

les échos de la chair répondent à la philosophie matérialiste.

Or, que les jésuites en prennent leur parti, la chair sera longtemps encore la reine du monde.

C'est pourquoi le père Enfantin tance vertement à son tour le révérend père Félix. Il lui démontre péremptoirement : 1° qu'il n'entend rien au progrès; 2° que tout le mal vient de l'esprit et de son injuste domination.

— Bravo! s'écrie M. Jourdan.

Puis il ajoute dans son style le plus solennel :

« M. Enfantin s'est inspiré contre son agresseur du véritable esprit du christianisme, en établissant que, pour faire son salut, il ne suffit pas de porter un cilice et de s'enfermer entre les murs d'un cloître; mais qu'il faut travailler dans la limite de ses forces à l'amélioration du sort des pauvres, membres comme nous du corps de Dieu. »

Jamais père de l'Eglise eut-il une onction plus touchante?

Là-dessus ce grand apôtre de l'émancipation de la chair cite un long passage de l'Evangile selon saint Mathieu, pour prouver quoi? Sans doute que la chair est l'égale de l'esprit, et qu'il est temps de la réhabiliter aux yeux de tous?

Hélas! M. Jourdan sait bien qu'à chaque page l'Evangile dit le contraire.

Aussi choisit-il ses textes.

On est théologien ou on ne l'est pas, et tous les Escobar ne sont pas des jésuites. M. Jourdan en appelle à l'Evangile contre le père Félix, à seule fin de démontrer *qu'il faut secourir les pauvres.*

En vérité, ces messieurs sont d'habiles logiciens.

Le père Félix dit :

« Abaissez votre chair et élevez votre esprit. »

MM. Enfantin et Jourdan répliquent :

« Vous vous trompez, il faut secourir les pauvres ! »

La réponse n'est-elle pas triomphante, et ne la trouvez-vous pas surtout merveilleusement appliquée à la question ? C'est à cette puissance de syllogisme qu'on a toujours reconnu les docteurs de la sainte colline.

Et puis, convenez-en, il est impossible de mieux faire entendre aux abonnés du *Siècle* que la charité était inconnue, avant que Saint-Simon et la philosophie ne vinssent la révéler aux catholiques. On insinue que ceux-ci ont le cœur desséché, qu'ils ne savent plus s'attendrir au contact de la misère, que les douleurs du pauvre leur sont indifférentes. C'est une rouerie pleine de charme et de finesse, un mensonge présenté de la façon la plus habile.

Par le fait, il y a dix-huit cents ans que le catholicisme console et réchauffe dans son sein des millions de malheureux; et le *Siècle* rit dans sa barbe en lui donnant une leçon de charité.

Mais ses lecteurs le croient sur parole.

Ils ne vont pas demander aux conférences de Notre-Dame la vérification de ses dires.

Du reste, avouons-le, la charité saint-simonienne ressemble à la charité évangélique comme la nuit ressemble au jour.

La première dit :

« Emancipez votre chair, engraissez-vous, enrichissez-vous, livrez-vous au plaisir, et, s'il vous reste du superflu, faites-en part à vos frères dans le besoin. »

La seconde dit :

« Riches, n'oubliez pas que vous n'êtes que les dispensateurs, que les économes de vos biens. Mortifiez votre chair, élevez votre esprit au-dessus des jouissances terrestres, afin que vous ayez davantage à donner à vos frères malheureux. Vous dont le superflu est petit, n'écoutez pas la voix de la chair qui vous excite aux satisfactions coûteuses, écoutez plutôt la voix de votre âme qui intercède en faveur de ceux qui n'ont pas le nécessaire. *Charité* veut dire *amour* et *sacrifice*. Vous compatirez d'autant mieux à la souffrance que vous aurez souffert vous-mêmes. La charité n'habite pas un corps repu. »

N'est-il pas vrai que l'avantage est encore ici du côté du saint-simonisme? Sa charité vaut sa morale et surpasse la nôtre de cent coudées.

Le *Siècle* apprend aux ultramontains et aux jésuites qu'ils doivent « secourir, vêtir, nourrir, consoler, visiter et assister les pauvres; » mais s'ils veulent suivre le conseil et profiter de la permission qu'on leur donne; si, pour centupler les efforts et les résultats de la charité, ils s'unissent, ils se liguent contre la misère et la douleur, le *Siècle* et M. Jourdan se prennent aussitôt à crier au jésuitisme, à l'exploitation, à l'espionnage, à l'envahissement clérical, que sais-je?

C'est toujours la même force de dialectique.

Il faut convenir que les jésuites et les ultramontains sont bien empêchés.

On assure que le père Enfantin et Louis Jourdan sont tous les deux millionnaires. Ils se sont enrichis sans doute pour prouver l'excellence de leur dogme et pour faire triompher la doctrine de l'émancipation de la chair.

Un jour ils pousseront l'ardeur du zèle religieux jusqu'à rouler carrosse.

Du reste, ils sont dans les vrais principes de la philosophie voltairienne. L'auteur des *Lettres anglaises* a dicté jadis la marche à suivre : « Ayez de l'or, moquez-vous des prêtres, et conduisez-vous comme des pourceaux. »

Tel maître, tels disciples.

XIV

Suite des doctrines professées par un journal trop connu. — Plus d'enfer.

C'est surtout dans cette caverne du *Siècle* que la queue d'Arouet frétille, sans que rien ait pu jusqu'ici l'écraser.

Là se réunissent et fraternisent tous les tronçons hideux du serpent.

Il n'y a pas une variété de l'hérésie, pas une

nuance du schisme, pas un opprobre de l'incrédulité qui ne soient accueillis dans cette coupable feuille avec un enthousiasme satanique. Toutes les armes y sont bonnes pour combattre la religion.

Calomnie, sarcasme, ridicule, tout est mis en œuvre.

MM. Havin, Léon Plée, Taxile Delord, Auguste Luchet, Edmond Texier, Labédollière, et *tutti quanti* prennent tour à tour la plume vaillante qui s'escrime contre la foi romaine. Ils expédient leurs articles chez les marchands de vin de la capitale et dans les cabarets de France, pour inviter le peuple à rire des vieilles croyances de ses pères.

A la tête de cette cohorte de l'incrédulité systématique et déloyale, se trouve encore aujourd'hui M. Jourdan.

Le *Siècle* a failli le perdre.

On l'a cru menacé d'une phthisie pulmonaire, qui allait priver de ce talent admirable les buveurs de vin bleu et les cabaretiers de notre belle patrie. Mais, ô prodige!...

> Il succombait à la souffrance ;
> Des ânesses le lait lui rendit la santé.
> Croyez bien qu'il doit plus, en cette circonstance,
> Aux *ânes* qu'à la Faculté.

M. Jourdan, à l'heure qu'il est, se porte on ne peut mieux et s'empresse de payer sa dette aux lecteurs du *Siècle*.

S'étant trouvé, par le fait même de sa maladie, sur les confins de l'autre monde, et y ayant jeté un regard curieux, il annonce une consolante nouvelle aux abonnés de M. Havin, une nouvelle qui rassure d'un seul coup et met complétement à l'aise les innombrables garnements qui peuplent le globe terrestre.

« Il n'y a pas d'enfer! » s'écrie M. Jourdan, avec une énergique assurance.

Et sans plus de gêne, il biffe d'un majestueux trait de plume ce dernier vestige de la superstition, cet épouvantail imaginé par le despotisme théocratique.

Le fait est que l'enfer commençait à devenir vieux et ne se trouvait plus à la hauteur du progrès moderne. Il était bien temps que la philosophie, par la bouche d'un de ses apôtres, soufflât sur les feux éternels et les éteignît.

Voilà qui est fait!

Grâce à M. Jourdan, nous n'avons plus rien à craindre de ce côté-là.

Et sur quoi se fonde-t-il pour nier l'existence de l'enfer? Sur des preuves aussi nettes que décisives. D'abord il constate que l'enfer *est excessivement peu gai*, argument de poids, s'il en fût.

« Quand je me promène dans un cimetière, dit-il, ou que, assistant à un service funèbre, j'entends le chant du *Dies iræ*, je sens mon cœur se serrer et la tristesse s'emparer de mon âme. »

Or, comment supposer que Dieu soit assez barbare pour vouloir une chose qui contriste M. Jourdan ?

Cela manque absolument de vraisemblance.

« Il n'y a pas d'enfer, continue-t-il, parce que Dieu est juste. Est-ce qu'il y a pour Dieu des jours de colère et de calamité? Le peuple ne le croit pas, lui! »

Dès que le peuple ne le croit pas, — j'entends le peuple qui lit le *Siècle* dans les cabarets et chez les marchands de vin, — tous tant que nous sommes, gens d'ignorance et de ténèbres, catholiques et jésuites, nous voilà bien forcés de courber le front et de ne pas croire non plus.

« Le peuple, visitant les tombes de ses poètes et de ses orateurs, ajoute notre journaliste, ne se demande pas s'ils sont en enfer. Il ne conçoit aucune inquiétude sur leur salut. La voix du peuple n'est-elle pas la voix de Dieu? »

Au nom de cette logique écrasante M. Jourdan canonise sans plus de façon Molière, Lafontaine, Balzac, Béranger, Dupont de l'Eure, Godefroy Cavaignac, Armand Carrel et... Louis Perrée !

C'est bien le moins que le *Siècle*, lui aussi, ait son petit saint.

Mais Eugène Sue que vous oubliez, Eugène Sue qui, par ses feuilletons socialistes, et dans les colonnes mêmes de votre journal, a tant *moralisé* le peuple !... A quoi songez-vous, philosophe ingrat, de lui refuser les honneurs de l'apothéose ?

Du reste, pour M. Jourdan, tout n'est pas triste dans les cimetières.

Lors de sa visite au Père-Lachaise, il a vu « les ramiers roucouler dans les rameaux funèbres, il a rencontré des amants se promenant les bras entrelacés, il a entendu les soupirs de la brise qui lui apportait les arômes des mondes invisibles » (quels arômes pourraient bien avoir ces mondes-là?) et, saisi d'un lyrique enthousiasme, il s'écrie :

« Les Gaulois, nos pères, avaient sur la mort des croyances plus consolantes. Ils savaient qu'ils mouraient pour revivre, parmi leurs semblables, d'une vie *plus ou moins heureuse;* ils savaient que Dieu, cet inépuisable foyer de bonté, de beauté, de lumière, ne *classe rien en dehors de lui,* et que toute créature vivante est destinée à gravir les *échelons infinis,* qui conduisent vers le but *que nul ne peut atteindre.* »

Ainsi Dieu ne CLASSE RIEN, le hasard règle seul notre destinée, et NOUS N'ATTEINDRONS JAMAIS LE BUT.

Faut-il que le christianisme soit venu détruire de pareilles croyances? En lui confisquant son enfer, M. Jourdan ne fait qu'exercer de justes représailles.

J'entends d'ici quelque ultramontain obstiné dire au philosophe :

— Est-ce donc là ce progrès si vanté, dont le *Siècle* nous assourdit chaque jour? On rejette comme surannés les dogmes chrétiens, et on retombe dans le druidisme? On nie l'enfer pour se jeter dans la métempsycose? On déclare l'Evangile incompatible avec le progrès, et on recule jusqu'aux rêves de Pythagore et des Brahmanes indous? En haine du christianisme on opte pour le culte de Bouddha, et c'est là ce qu'on appelle la philosophie des lumières? Il faut avouer que les libres-penseurs modernes sont bien dépourvus d'imagination, s'ils ne peuvent inventer même de nouvelles erreurs, et s'ils sont obligés, pour vivre, de mendier le pain de leur esprit aux adorateurs de Teutatès et de Brahma. Ces lumières prétendues pourraient bien n'être que ténèbres; ce progrès ressemble furieusement à la décadence.

Mais ce n'est là qu'un discours d'obscurantiste, et M. Jourdan répond :

— Qu'importe que nous rétrogradions de

trois mille ans, que nous fassions refluer l'avenir et le progrès vers le passé, et que, par horreur du catholicisme, nous retombions dans le druidisme et dans la métempsycose, si par là nous échappons au dogme de l'enfer? D'ailleurs, ne peut-on progresser en rétrogradant? Voyez l'écrevisse! L'écrevisse est un animal libre-penseur.

Gardez-vous donc, ô populations chrétiennes, de méconnaître le service inappréciable que vous rend la philosophie!

Elle comble un abîme dans lequel vous couriez risque de tomber à chaque instant.

Avouez, en outre, que la morale est devenue, par là même, bien plus accommodante.

Dès à présent, grâce aux articles du *Siècle*, le gendarme est le seul diable et la prison le seul enfer à craindre.

Eviter l'un et l'autre, tout est là.

N'est-ce pas une admirable simplification?

O vous dont l'existence a été souillée de turpitudes et de crimes, vous qui n'avez reculé devant aucun moyen pour vous procurer opulence et plaisirs, vous qui avez ruiné cent familles par des menées frauduleuses, qui avez réduit un si grand nombre d'infortunés au désespoir et au suicide ; vous dont le char superbe éclabousse les veuves et les orphelins de vos victimes, vous dont la vie gorgée d'or n'est qu'un festin perpétuel, et dont le dernier soupir sera une dernière insulte à la vertu pauvre, malheureuse et persécutée, — assassins et voleurs, rassurez-vous !

Dieu est trop juste pour vous punir de peines éternelles.

Il n'y a plus d'enfer.

Vous en serez quittes « pour revivre, parmi vos semblables, d'une vie plus ou moins heureuse et pour gravir les échelons infinis qui conduisent vers le but que nul ne peut atteindre. »

Ce n'est pas clair, mais c'est rassurant.

Le *Siècle* insinue que l'enfer a bien pu être

inventé par les ministres de l'Evangile, qui auraient trouvé cet ingénieux moyen de se constituer médiateurs entre Dieu et les hommes.

Il est fâcheux que la puissante logique de cet honnête journal ait détruit l'enfer de fond en comble, sans même y laisser un petit coin à l'usage des prêtres, pour les punir de nous avoir fait peur si longtemps.

XV

Opinion savante et judicieuse du même.

Après avoir enlevé l'enfer aux ultramontains, c'est-à-dire après avoir sapé l'une des bases essentielles de la foi romaine, M. Jourdan n'a plus qu'un coup d'épaule à donner pour renverser l'édifice.

Et il le donne.

Vous vous imaginiez peut-être, catholiques naïfs, que seuls vous représentez la religion chrétienne dans tout son développement, et que vous remontez siècle par siècle, anneau par anneau, jusqu'à l'origine du christianisme? Vous vous flattez probablement d'être de la religion des apôtres et de leurs successeurs, de la religion des Athanase, des Chrysostôme, des Basile, des Grégoire, des Ambroise, des Augustin, des Hilaire de Poitiers, de ces grands évêques qui furent tout à la fois des modèles de vertu, des puits de science, des aigles de génie, et les réformateurs suprêmes d'un monde qui tombait en décrépitude?

Si vous êtes assez profondément plongés dans l'obscurantisme pour nourrir de semblables illusions, hâtez-vous d'y renoncer. On vous apprend que vous n'êtes que des sectaires et des hérétiques.

En vérité, oui, rien que cela !

« Le catholicisme, dit M. Jourdan, est une déviation du christianisme. C'est une *secte*. »

Vous entendez? Il faut en prendre votre

parti. Le catholicisme, qu'on supposait avoir eu le même berceau que le christianisme, lui est postérieur de sept ou huit cents ans, si plus ne passe.

C'est encore à M. Jourdan que nous devons cette grande découverte.

Il a lu et relu, dit-il, tous les documents de l'époque primitive de la religion chrétienne ; il a compulsé les œuvres des apôtres, des pères de l'Eglise, et un peu aussi celles de Jamblique : nulle part il n'a vu le mot *catholicisme*.

L'argument serait péremptoire, s'il n'avait pour base une imposture flagrante.

Nous reviendrons là-dessus tout à l'heure.

Mais, d'abord, à quelle époque, s'il vous plaît, la *secte* catholique fit-elle son apparition ?

Voici le point délicat. L'histoire constate l'enchaînement des hommes et des choses catholiques depuis dix-huit siècles ; elle pousse l'indiscrétion jusqu'à nous donner la liste exacte des papes qui ont occupé le siége de Rome depuis saint Pierre jusqu'à Pie IX, et, dans cette nomenclature, elle n'a pas même oublié les antipapes.

Mais l'histoire est une babillarde, qu'il ne faut pas écouter.

Aussi M. Jourdan se renferme dans une sage réserve et s'abstient d'assigner une date précise à la naissance du catholicisme. Résignons-nous donc à ignorer à tout jamais ce que cet écrivain rempli de prudence ne peut ou ne veut pas nous apprendre.

Pourquoi l'éminent théologien du *Siècle* n'appellerait-il point à son aide le professeur de Zurich, Wolkmar, ou le docteur Baur, chef de l'école de Tubingue? Ces deux savants, qui ont inventé le christianisme judaïsant de saint Pierre et le christianisme universel de saint Paul, seraient bien capables d'inventer également l'origine de la *secte* catholique.

M. Jourdan peut dire encore que le catholicisme remonte tout uniment à saint Ignace de Loyola, ce coupable fondateur de la Société de Jésus.

De cette façon le protestantisme deviendrait l'aîné, lui, auquel on reproche depuis si longtemps d'être le dernier venu.

Tout s'arrangerait pour la plus grande gloire de la philosophie.

Or, si l'honnête journaliste du *Siècle* ne peut nous apprendre à quelle époque le christianisme a commencé, en revanche il nous enseigne merveilleusement ce qu'il est. Tout à l'heure il nous a dit que c'était une SECTE ; maintenant il ajoute :

« L'abbé Bergier, qui passe pour un théologien très-illustre, après avoir défini le christianisme comme *religion*, dit que le catholicisme *est un* SYSTÈME HUMAIN, *qui a pour objet l'universalité de la doctrine chrétienne.* »

HUMAIN ? êtes-vous bien sûr, Monsieur, d'avoir lu ce mot-là dans l'abbé Bergier ?

Je connais quelqu'un qui sait aussi bien lire que vous, et qui n'a jamais pu l'y découvrir. Ce quelqu'un-là vous certifie, en outre, que, si pareil mot se fût rencontré sur une page, auteur et livre eussent été immédiatement et hautement condamnés par la cour de Rome, comme hétérodoxes.

Evidemment vous avez mal lu.

Ou peut-être vous êtes-vous laissé aller, sans vous en apercevoir, au malin plaisir de jeter une pierre au catholicisme, en empruntant, malgré lui, la main d'un de ses apologistes. Vos lecteurs n'en chercheront pas plus long, — et le tour est joué.

M. de Voltaire, votre maître, s'écriait jadis : « Mentez! mentez toujours! il en restera quelque chose. »

Avez-vous essayé, par hasard, de profiter de cette honorable leçon?

Pour ce qui est du mot SYSTÈME qui vous offusque si fort, j'ai consulté sur sa signification précise un élève de quatrième du lycée Bonaparte. Vous voyez que je ne vais pas chercher mes autorités à Vaugirard parmi les élèves des jésuites, je les prends en pleine université. Eh bien, mon jeune helléniste, après avoir consulté l'étymologie du mot SYSTÈME, m'a expliqué comme quoi il signifie *assemblage*, et, par extension, *assemblage de principes vrais ou faux*.

A ce compte-là, ce me semble, le christianisme qui, d'après vous, est une religion, serait un système aussi, ni plus ni moins que le catholicisme. Tout corps de doctrine est un système, et si, comme on l'espère, le *jourdanisme* devient jamais un culte, il n'échappera pas à la loi commune.

Ce sera aussi un système, et je me hâte d'ajouter qu'il n'aura rien de catholique.

Mais qu'est-ce qu'un système *ayant pour objet l'universalité de la doctrine chrétienne?* Si je comprends bien ce langage, il signifie, de votre aveu même, puisque vous le reproduisez, que le catholicisme eut sa raison d'être du jour où le christianisme prit son essor pour envelopper le monde entier de son réseau divin, et que, par suite, christianisme et catholicisme sont de la même date. En disant à ses apôtres : « Allez et enseignez toutes les nations ! » Jésus-Christ créait le catholicisme.

Vraiment, c'était bien la peine de dépenser tant de philosophie, d'encre et de papier pour dire oui et non sur le même sujet.

Mais, patience ! M. Jourdan est un habile homme.

Le voici qui répète pour la seconde fois aux buveurs de bière et de petit bleu qu'il a vainement cherché le mot *catholique* dans tous les ouvrages des apôtres et des pères de l'Eglise.

Or, moi, pauvre obscurantiste, qui ne me pique pas d'avoir poussé aussi loin que M. Jourdan le sérieux des études, je lisais hier, sans penser à mal, un livre de saint Augustin.

Tout à coup éclatent, comme un météore, à mes regards stupéfaits ces mots : *Ecclesiæ catholicæ*. Je crus être le jouet d'une illusion ; mais dix fois je relus le passage, et dix fois les mêmes mots resplendirent à mes yeux comme l'inscription fulgurante du festin de Balthasar : *Ecclesiæ catholicæ !*

Bien plus, ces mots se reproduisent et se multiplient à chaque page du livre.

Saint Augustin n'a pas l'air de se douter que le catholicisme soit d'invention récente ; il en parle comme d'une institution fort ancienne déjà à son époque ; il va jusqu'à identifier le catholicisme avec le christianisme orthodoxe, et il ne songe pas même à établir entre eux la moindre distinction.

Cela voudrait-il dire que M. Jourdan, contrairement à ce qu'il affirme, n'a pas lu les œuvres des pères de l'Eglise ?

Ah ! qu'il connait bien ses lecteurs !

Les traités patrologiques ne se trouvent ni

le mystère et dans l'ombre, ont subrepticement introduit ces mots-là sur les pages du livre de saint Augustin, tout exprès pour faire une niche à M. Jourdan.

XVI

Les francs-maçons et la Société de Saint-Vincent de Paul.

Nous aurons encore à revenir sur les sauts de carpe antireligieux de ce charmant écrivain. Laissons un de ses honorables collègues faire les frais du présent chapitre.

— Êtes-vous franc-maçon?

— Vous plaisantez, non certes!

— Alors tant pis pour vous.

— Comment? pourquoi cela?

— Parce que, si vous n'êtes pas franc-maçon, vous êtes un HAÏSSEUR.

C'est le *Siècle* qui le déclare solennellement par l'organe de M. Auguste Luchet, autre philosophe d'une effrayante puissance de logique.

M. Luchet nous apprend que la société se divise en deux grandes catégories : les francs-maçons et les haïsseurs, c'est-à-dire les bons et les méchants, les hommes vertueux et les hommes pervers, ceux qui respectent le Grand-Orient, son triangle, sa truelle et ceux qui passent devant,. comme Guillaume Tell passait devant le bonnet de Gessler, sans donner un coup de chapeau.

Guillaume Tell était un haïsseur.

Vous êtes un haïsseur.

Je suis un haïsseur.

Tous les catholiques sont des haïsseurs et le *Siècle* n'en démordra pas.

Il paraît que ce sont des êtres fort laids au

physique et au moral, tortus ou bossus de corps et d'âme.

« Nécessairement, dit M. Luchet, ils ont dû se commencer (*sic*) de travers, commettre quelque crime, aimer dans de mauvais endroits et apprendre de mauvaises sciences ; ils ont dû perdre leur cœur, comme leur argent, à le *mal* jouer. »

Sans doute à la Bourse, mon maître, à l'exemple de vos bons amis Enfantin et Jourdan, deux messieurs qui jouent *bien?*

Ils ont gagné de l'or et n'ont perdu que le cœur, voilà toute la différence.

Bref, les catholiques, suivant M. Luchet, doivent succomber sous le poids du remords, puisqu'ils haïssent la franc-maçonnerie. Pour arriver à ce comble de perversité, il faut avoir tué son père ou sa mère, peut-être les deux.

On n'ignore pas que le *Siècle* a professé de tout temps pour cette institution célèbre une piété sincère et filiale.

S'il lui arrive de tracer un parallèle entre la Société maçonnique et la Société de Saint-Vincent de Paul, c'est pour proclamer toute la supériorité de la première sur la seconde.

Rien de plus juste, en effet.

L'une représente le progrès, la philosophie, les lumières, la libre pensée, et ne vient en aide qu'à ses initiés, — quand elle leur vient en aide. L'autre n'est qu'une congrégation de sacristains et de jésuites, conjurés pour soulager les misères du corps et de l'âme partout où elles se rencontrent, sans distinction d'opinions, religieuses ou autres, quoi qu'en dise le *Siècle*.

Or, la charité et les bienfaits de la seconde ne sont qu'une gangrène d'obscurantisme qui ronge le corps social, tandis que la franc-maçonnerie est le sel qui le conserve.

Ecoutez plutôt! C'est M. Luchet qui parle.

« Dans les pays où la superstition (lisez catholicisme) ne s'est pas tout approprié, une grande et vieille association restait debout pour le secours et l'instruction réciproques. Ce glorieux débris des âges, cette barque de salut *insubmergée dans nos mers de sang et de larmes,* s'appelle la franc-maçonnerie. Les haïsseurs n'en veulent pas ; ils insultent, ils diffament, ils calomnient ce refuge *innocent* de l'égalité et de la fraternité. »

Comprenez-vous, lecteurs ?

Sur nos mers de sang et de larmes, une seule barque de salut flotte insubmergée, — la franc-maçonnerie, — et les catholiques veulent couler à fond cette barque, refuge suprême offert par *l'innocence* et la *candeur* maçonnique aux naufragés de la misère.

Imprudents !

Pour ma part, je me frappe la poitrine, et je veux aimer la franc-maçonnerie de l'amour le plus tendre.

J'avais bien entendu parler d'une autre institution, appelée christianisme, ayant éminemment pour but « le secours et l'instruction réciproques. » On prétend même que cette institution a inoculé au monde moderne tout ce qu'il a de bon, tout qu'il a de pur dans ses éléments sociaux, et que, perpétuellement debout, « elle flotte insubmergée sur nos mers de sang et de larmes, comme une barque de salut, » ni plus ni moins que la franc-maçonnerie, avec laquelle, grâce à Dieu, elle n'a rien, absolument rien de commun.

Mais ce sont les jésuites qui font courir ce bruit-là.

Le christianisme est mort et enterré, si toutefois il exista jamais, ce dont je doute sérieusement depuis que je lis les articles du *Siècle*.

Tout ce qu'on attribue en beau ou en bien au christianisme appartient à la franc-maçonnerie, et, je le déclare, il n'y a jamais eu d'autre institution grande, utile, salutaire et généreuse au monde.

Hors de la franc-maçonnerie point de salut!

Les sociétés modernes ne marcheront convenablement que le jour où l'univers entier ne formera plus qu'une *loge* immense, refuge de l'égalité et de la fraternité.

On ne compte guère que *trente-trois* grades hiérarchiques dans la franc-maçonnerie.

Peut-on porter l'égalité plus loin?

Quant à la fraternité, le *Siècle* nous raconte l'histoire touchante de naufragés francs-maçons recueillis et soignés par leurs frères du Cap. Assurément l'action est louable; mais elle le serait davantage, si ces naufragés n'eussent pas été affiliés à la secte maçonnique. Hélas! que serait-il advenu, si l'équipage de *la Jeune-Sophie* eût été composé de haïsseurs?

A ce propos, M. Luchet nous permettra de lui soumettre un léger scrupule.

-On nous assure qu'il arrive tous les jours à cette même Société de Saint-Vincent de Paul, si violemment attaquée par le *Siècle,* de secourir des ouvriers francs-maçons délaissés par leurs frères.

Encore une calomnie des haïsseurs, probablement !

Nous signalons au *Siècle* ce fait impossible, afin qu'il se hâte de dérober à l'obscurantisme et à la charité des jésuites ces malheureux francs-maçons égarés.

Chose singulière ! dans la généalogie que M. Luchet dresse de la secte maçonnique, il ne parle ni de Salomon, ni de Hiram, l'architecte du temple de Jérusalem. Il ne remonte guère qu'à Numa Pompilius et à la loi des douze tables. On ne peut pas être plus modeste.

Mais un dernier scrupule ?

Je lis dans l'histoire que Hassan-ben-Sabbah, autrement dit le Vieux de la Montagne, chef de la secte des Ismaéliens, ou *Assassins*, dont le mystérieux poignard faisait trembler, au onzième siècle, peuples et rois, avait été élevé dans la grande loge maçonnique du Caire, et que sa troupe horrible se composait d'affiliés à cette loge.

Ce fait n'est sans doute qu'un abominable mensonge de quelque historien haïsseur.

Pourtant, un touriste anglais, le colonel Churchill, parcourant, il y a quelques années, les montagnes du Liban, retrouva, à sa grande surprise, les signes maçonniques chez les Druses, ces mêmes coquins perdus de vices et de scélératesse, qui ont récemment épouvanté l'Europe par le massacre des populations chrétiennes.

Les Druses descendent des Ismaéliens, dont ils ont adopté le culte, espèce d'idolâtrie, mêlée de schyisme, de soféisme et de superstitions kaabatiques. Ils adorent le Vieux de la Montagne comme un prophète et le comptent au nombre de leur douze *hakems*.

Or, ces misérables Druses apprirent au colonel Churchill qu'une insurrection devait bientôt éclater dans l'Inde.

Comment expliquer ces étranges communications entre des peuples séparés par de si énormes distances? Est-ce que la franc-maçonnerie, par hasard, n'y serait pas pour quelque petite chose?

Le *Siècle* devrait bien nous renseigner là-dessus.

On raconte qu'un prince français, placé sur les marches du trône, sollicita la faveur d'être reçu membre de la Société maçonnique.

Une épreuve restait à subir.

On l'introduit dans un lieu mystérieux et sombre; on lui met un poignard à la main, et on découvre à ses yeux une forme représentant son roi. Il frappe, le sang coule... et, quelques années plus tard, ce même prince envoyait à la guillotine celui qu'il avait déjà égorgé en effigie.

La guillotine est encore un *triangle*, le triangle de l'égalité devant la mort.

A bon entendeur salut!

Ce fut lord Derwent-Waters, ami de Bolingbroke et de M. de Voltaire, qui introduisit la franc-maçonnerie chez nous, en 1725, et l'auteur de la *Pucelle* fut le premier affilié.

Qu'en dites-vous?

Lorsque le *Siècle* exalte cette institution au préjudice de la Société de Saint-Vincent de Paul, nous comprenons ce que parler veut dire : il fallait s'attendre à cela de la part de l'organe de la Révolution et du progrès.

Quoi de plus antiphilosophique, je vous le demande, qu'une association ayant pour objet de soulager les pauvres, de soigner les malades, de consoler les infortunes de tout genre?

Est-il possible qu'en plein dix-neuvième siècle des jeunes gens distingués par l'éducation, par la naissance et par le cœur, des hommes vertueux de toutes les conditions sociales, bourgeois, nobles et princes, des vieillards à cheveux blancs, honorés de l'estime publique, poussent l'ignorance, l'aveuglement et le mépris du progrès jusqu'à s'assembler de temps à autre pour discuter ensemble les intérêts du malheur, s'exciter aux douces émulations de la charité, verser leurs offrandes dans un trésor commun, le trésor des pauvres ; puis, de là, se répandre dans les quartiers les plus ignobles, dans les rues les plus souillées, escaladant les escaliers vermoulus, franchissant les corridors infects, et portant le double pain de l'aumône et de la consolation dans les mansardes où s'abrite la misère ?

Je le proclame bien haut, c'est là un spectacle digne d'exciter toute l'indignation du *Siècle*.

Ah ! si, au lieu de consacrer leur vie à ces occupations, bonnes tout au plus pour des catholiques ou des ultramontains, ces jeunes gens, ces hommes vénérables s'occupaient du matin au soir à s'abrutir de fumée et d'absinthe ; s'ils traînaient leur existence inutile et dégradée du Jockey's-Club au Tattersall et du Tattersall au Jockey's-Club ; s'ils agiotaient sur les Chemins et le Mobilier, s'ils jouaient à la baisse ou à la hausse, s'ils rédigeaient un journal de Bourse comme M. Louis Jourdan; s'ils entretenaient une danseuse de l'Opéra, tout en poussant la philantropie jusqu'à danser parfois eux-mêmes au bénéfice des pauvres, à la bonne heure!

Voilà une véritable existence de philosophe, une vie de progrès et de lumières, profitable à la société, profitable à l'avenir.

Est-ce que la philosophie peut aller s'asseoir au chevet du pauvre? elle est trop éclairée pour cela.

Des pauvres, il y en a fort peu d'ailleurs.

Bientôt même, grâce au progrès, il n'y en aura plus du tout. La philosophie nous le répète chaque jour. Si les rares indigents qu'on trouve encore veulent sortir des entraves dégradantes de la charité catholique, s'ils veulent monter jusqu'aux régions supérieures où brillent les pures lumières, la philosophie est là, qui, moyennant *trois sous,* leur offre son organe quotidien.

Allons, pauvre, allons! ferme ta mansarde aux membres de la Société de Saint-Vincent de Paul. Chasse honteusement ces hommes qui t'apportent la nourriture du corps et celle de l'âme. Ils conspirent contre toi, ils conspirent contre l'organisation sociale tout entière.

Epargne trois sous chaque jour sur tes jeûnes.

Tu pourras avec trois sous acheter le progrès; trois sous vont éclairer ta vie et fixer ton sort.

La foi qui te réchauffe, la résignation qui te soutient ne tarderont pas à disparaître. Il te restera la misère, le froid glacial du désespoir libre-penseur et... les numéros du *Siècle*.

Ah! comédiens!

Si le peuple seulement vous connaissait mieux!

XVII

Jolie page de spiritisme. — L'âme de la terre.

Ce n'est pas tout que de battre le catholicisme en brèche : il faut de temps à autre fabriquer une petite théologie qui le remplace, n'importe laquelle. Il y a toujours quelques imbéciles qui s'y laissent prendre. Eh! parbleu! c'est autant de gagné pour les révolutionnaires et les impies.

Sans compter que les apostats font du

prosélytisme et cherchent avidement des imitateurs.

Le *Siècle* le sait.

De sorte qu'il n'y a pas de sottise, pas de charlatanisme, pas de bourde, pas de stupidité, pas d'égarement d'intelligence que cette abominable ne feuille patronne et ne cherche à développer au besoin.

Les tables tournantes, les esprits frappeurs, toutes les niaiseries du spiritisme ont eu successivement dans ses colonnes les honneurs d'une approbation complète.

Ecoutez encore :

« J'ai à vous annoncer le livre le plus étrange, le plus profond, le plus extraordinaire, le plus curieux et le plus naïf; un livre FULGURANT, un livre qui est le poëme le plus magnifique qui ait jamais été rêvé, la vision la plus merveilleuse qu'on ait jamais racontée, sans en excepter la *Divine comédie;* un livre que nulle plume ne saurait écrire, pas même la plume de l'auteur de *Terre et ciel.* »

Ainsi parle Jourdan-Sévigné à ses lecteurs, — j'allais dire à M. de Coulanges.

— Quel est donc ce livre prodigieux? nous demanderez-vous.

— Devinez.

— Le recueil des articles de M. Jourdan relié en veau et doré sur tranche?

— Cela ferait un superbe volume assurément ; mais celui dont je vous parle est encore plus fulgurant et plus merveilleux.

— Serait-ce l'*Histoire des deux Restaurations* de M. de Vaulabelle, que le *Siècle* nous offre tous les jours en prime, à grand renfort de réclames?

— Non.

— Le *Voyage aux bords du Rhin* de M. Edmond Texier?

— Non, mille fois non.

— Je jette ma langue aux chiens.

— Et vous n'avez pas tort, car il est probable que vous n'avez jamais ouï parler de l'âme de la terre.

— Oh! oh! s'agirait-il de cette âme, qui révéla jadis à ce pauvre Hennequin de si belles choses, qu'il en est mort fou?

— Précisément. L'âme de la terre ne pouvant se consoler de la mort d'Hennequin, comme autrefois Calypso de la mort d'Ulysse, a éprouvé, toujours comme cette illustre déesse, le besoin de trouver un Télémaque avec qui elle pût causer. Donc elle dit un beau matin à Louis Michel, jeune pâtre de Figanières, département du Var :

« Ecoute ! »

Louis Michel de Figanières écouta, et lorsqu'il eut écouté, il s'empressa de faire part à MM. Sardou et Pradel de ce que l'âme de la terre lui avait révélé.

Ce fut de cette quadruple collaboration que sortit le livre prestigieux annoncé par M. Jourdan.

Il a pour titre : *La clé de la vie* ou *Révélations sur Dieu*.

Malgré le progrès philosophique et les clartés splendides que le journal de M. Havin répand chaque jour sur le monde, il paraît que nous ne voyions clair ni dans notre propre vie, ni dans celles des autres êtres, y compris Dieu.

Fort heureusement l'âme de la terre a eu pitié de nous et de nos ténèbres.

Elle a mis son flambeau dans la main de M. Louis Michel de Figanières et de M. Jourdan, puis elle leur a dit : Eclairez le monde !

Et ils ont éclairé le monde.

La porte de la science était close, elle leur a dit : « Voici la clé, ouvrez cette porte, et regardez la vie universelle ! »

Ils ont ouvert, et nous avons vu.

« Nous avons vu les minéraux vivre et palpiter; nous avons compté les pulsations de leur cœur; nous avons pénétré les plus intimes rouages de la vie des plantes; nous avons assisté à l'enfantement des mondes, nous avons suivi l'homme à travers ses transformations et ses existences. »

Qu'est-ce que l'homme, ô âme de la terre?

« L'homme est l'image de Dieu. Il porte le reflet de la Trinité divine : il est *lumière, vie* et *matière.* »

Pardon, monsieur Jourdan, pardon!

Si je comprends le langage de votre héroïne et si ce langage permet qu'on le mesure aux proportions bornées et prosaïques du sens commun, l'âme de la terre dit nettement que Dieu, comme l'homme son image, est, en partie du moins, un être matériel.

Dieu *lumière et vie*, — le premier venu, fut-ce un élève des frères ignorantins sachant quelques mots de catéchisme, peut en dire autant que vous là-dessus, monsieur le journaliste, — mais Dieu *matière*, voilà le nouveau, voilà le prodigieux, voilà le *fulgurant!*

Vous nous ramenez en plein paganisme, grand homme.

C'est très fort.

Il n'y avait que l'âme de la terre qui pût nous révéler cette vérité capitale, et le *Siècle* était digne de lui servir d'écho.

M. Jourdan répète plusieurs fois qu'il règne dans l'ouvrage « un sentiment religieux *extrêmement élevé.* » Jugez, d'ailleurs, de son enthousiasme : l'âme révélatrice ne croit pas à l'enfer. Notre honnête philosophe ne laisse jamais échapper une occasion de crier bien haut contre cet épouvantable dogme catholique.

Entre nous, est-ce qu'il aurait peur?

J'ai connu des poltrons qui, voyageant la nuit dans un bois, chantaient pour se rassurer.

Quoi qu'il en soit, voici déjà deux points essentiels de la doctrine évangélique à tout jamais détruits par l'âme de la terre. Elle professe en outre la métempsycose, autre sujet de joie pour M. Jourdan qui, vous le savez déjà, est un fervent disciple de Pythagore, des Druides et de M. Jean Reynaud.

En vérité, l'âme de la terre n'est pas heureuse dans le neuf et l'inédit de ses relations : matérialité de Dieu, négation de l'enfer, métempsycose, nous connaissions tout cela longtemps avant M. Louis Michel de Figanières (Var.)

Ou je me trompe fort, ou l'âme susdite est abonnée au *Siècle.* C'est dans le *Siècle* qu'elle a dû puiser le fulgurant de ses révélations.

D'ailleurs, soyons juste, ce n'est pas une méchante âme.

Elle aime à rire, et, pour nous amuser, elle nous conte des histoires à ressusciter d'allégresse feu M. Galland, cet infatigable secrétaire de Dinarzade. Les *Mille et une nuits* font incursion dans le domaine philosophique.

Lorsque j'entends M. Jourdan reproduire ces belles choses, il me semble voir une conteuse vieillotte, assise au coin du feu, et devisant des choses de l'autre monde en tournant son fuseau.

Prêtez l'oreille à ce récit, car l'éminent journaliste nous le donne tout au long, pour nous démontrer la fulgurante portée du livre qu'il analyse.

Il y avait une fois un astre, « immense de force et de volume, » qui vivait précisément à la place occupée depuis par notre globe dans le système cosmique. C'était une planète encore meilleure que grosse. Elle menait la vie de la plus vertueuse et de la plus honnête personne du monde. Aussi son existence était tissée d'or et de soie : « printemps éternel, moissons abondantes, fruits savoureux, richesses, union des peuples, etc., etc. »

Bref, c'était un paradis d'innocence et de délices.

Or, douze lunes éclairaient les nuits de l'astre paradisiaque. Leur lumière était variée à la façon des lanternes chinoises. Mais cinq de ces satellites avaient des mœurs plus que légères. Ils s'en allaient étourdiment à travers l'espace, courant la pretentaine, contant fleurette aux étoiles sentimentales, heurtant celle-ci, caressant celle-là, et s'acquittant fort mal de leur rôle de fanaux nocturnes. Ils menaient, au dire de l'âme de la terre et de M. Jourdan, la conduite de francs mauvais sujets.

Témoin de ce désordre, l'âme de la planète vertueuse se dévoue.

Héroïque comme Décius, elle se précipite dans l'espace, abandonnant le globe qu'elle animait tout à l'heure encore, et entreprend de réunir les cinq satellites criminels en une seule planète. Quatre d'entre eux, moins avancés peut-être dans la voie de la perdition, se convertissent et forment un seul corps, qui depuis s'est appelé la Terre.

Quant au cinquième, il resta sourd à tous

les sermons et refusa obstinément de rentrer dans le droit chemin.

Aussi continue-t-il à vagabonder à part comme un réprouvé. Ses mœurs ne s'améliorent pas : toujours même caprice dans ses courses et ses pérégrinations. Tantôt il nous laisse plongés au milieu des ténèbres de la nuit, tantôt il nous montre deux cornes dans l'intention manifeste de nous narguer, et, si parfois il daigne paraître dans son plein, c'est pour décroître encore et s'éclipser de nouveau.

On a déjà deviné que cet astre fantasque et criminel, c'est la lune.

La terre porte sur ses flancs les traces du mauvais vouloir de ce méchant satellite. Voyez ces mers, ces océans immenses, abîmes béants, que la lune a refusé de combler.

Mais, ô profonde sagesse de la matière ! voilà que d'innombrables armées d'insectes travaillent sans relâche à remplir le vide, élèvent du fond des mers des bancs de coraux, des îles, des archipels, et ne tarderont pas à réparer le mal produit par les crimes de la lune.

Celle-ci, qui les voit faire, « en sèche de dépit sous son masque blafard, » dit M. Jourdan.

N'est-ce pas là un conte ravissant de niaiserie? *Cendrillon* et le *Petit-Poucet* ont en comparaison toute la gravité d'une page de Tacite.

« Quand ce ne serait que pour cet épisode de notre histoire primitive, dit fort sérieusement le journaliste du *Siècle*, dans son style béat, je BÉNIRAIS encore les auteurs de ce livre d'avoir publié les révélations que l'âme, cette bonne âme de la terre, leur a faites. »

Si cette BÉNÉDICTION n'était pas aussi burlesque et aussi désopilante, ce serait à expédier à Bicêtre celui qui la donne.

Décidément il n'y a que les libres-penseurs pour avoir cette foi robuste, cette crédulité scandaleuse. Ils nient les faits les plus authentiques, ils nient l'histoire, ils haussent les épaules au seul mot de révélation ; mais qu'un illuminé leur apporte le fatras incohérent de ses hallucinations, sous prétexte qu'elles lui ont été révélées par l'âme de la terre, les voilà tous à crier au prodige, au miracle, au livre FULGURANT !

« Les esprits forts, a dit La Bruyère, sont les esprits faibles. »

En attendant, le *Siècle* a quatre ou cinq cent mille lecteurs, ce qui est extrêmement consolant pour la morale publique.

Si quelqu'un disait au pouvoir : « Il existe de par le monde un journal dont l'influence est déplorable sur la classe illettrée et ignorante, un journal qui flatte les passions populaires et jette de la boue sur tout ce qui est digne de respect, un journal qui n'est qu'un hypocrite de tolérance et un comédien de liberté, qui échafaude sur de petits abus des attaques incessantes contre les plus respectables institutions, qui s'ingénie et s'acharne à briser les derniers liens qui unissent entre eux les membres de la grande famille sociale, un journal enfin dont l'existence est un danger public, » — croyez-vous que ce quelqu'un-là aurait tort et que le pouvoir devrait se boucher les oreilles?

XVIII

Un Érostrate moderne. — Le masque
change, les doctrines restent.

Autrefois vivait à Ephèse un personnage qui, dans l'unique but de s'immortaliser, incendia le temple de Diane.

Pour déjouer le rêve coupable de l'incendiaire, on défendit de prononcer son nom; mais cette défense ne réussit qu'à mieux graver dans la mémoire des âges le nom d'Erostrate, et nous le trouvons aujourd'hui en première ligne parmi ceux des fous et des criminels célèbres.

Chaque siècle a vu des hommes jaloux de conquérir ce genre de célébrité. Parmi ceux qui l'ambitionnent à notre époque, il faut citer M. Proudhon.

Je m'empresse même de lui rendre cette justice qu'il dépasse de cent coudées le Grec d'Ephèse.

Erostrate se contenta d'incendier un temple; M. Proudhon porterait la flamme avec joie au sein du globe, afin que la postérité la plus lointaine pût le contempler, lui Proudhon, à la lueur des volcans. Erostrate n'a brûlé que le sanctuaire d'une déesse de l'Olympe, M. Proudhon brûlerait volontiers le Dieu des chrétiens avec la même torche.

Que de soins n'a-t-il pas pris et ne prend-il pas encore pour assurer l'immortalité à son nom d'incendiaire! Que de coups de pistolet tirés dans la rue pour attirer l'attention des passants!

Un beau jour, éclate comme une bombe, au milieu de la société mal assise de 1848, ce mot terrible:

La propriété c'est le vol.

Et nos bourgeois de regarder autour d'eux avec épouvante, afin de découvrir l'auteur de cet axiome très-discutable, mais très-menaçant pour leur fortune.

De ce jour-là, M. Proudhon fut effectivement célèbre.

Son nom, comme celui du Croquemitaine des contes de fée, passait à l'état de mythe et de symbole. Rendre synonymes ces deux mots *vol* et *propriété,* supprimer d'un seul coup celui des fondements du corps social que la bourgeoisie regarde comme le plus solide, c'était superbe.

Mais il y avait mieux à faire encore.

La propriété morte, restait debout le principe

fondamental, cause et fin de toute chose. Restait Dieu.

Soudain retentit dans la rue un second coup de pistolet :

Dieu, c'est le mal!

Et les passants de se détourner de nouveau. Ils regardent, lèvent le nez en l'air pour voir d'où est parti ce blasphème, et ils aperçoivent à sa fenêtre Erostrate-Proudhon, souriant d'orgueil et tenant à la main son pistolet qui fume encore.

Voici, du reste le passage imprimé tout vif dans ses œuvres.

« De quel droit Dieu me dirait-il : « Sois saint parce que je suis saint ? » Esprit menteur, lui répondrai-je, Dieu imbécile, ton règne est fini. Cherche parmi les bêtes d'autres victimes. Pourquoi me trompes-tu ? pourquoi par ton silence as-tu déchaîné en moi l'égoïsme ? pourquoi m'as-tu soumis à la torture du doute universel : doute de la vérité, doute de la justice, doute de la conscience, doute de toi-même, ô Dieu! Les fautes dont nous te demandons la remise, c'est toi qui nous les fais commettre; les piéges dont nous te conjurons de nous délivrer, c'est toi qui nous les as tendus, et le Satan qui nous assiége, ce Satan, c'est toi! Nous étions comme des néants devant ta majesté invisible, à qui nous donnions le ciel pour dais et la terre pour escabeau. Et maintenant te voilà détrôné et brisé. Ton nom, si longtemps le dernier mot du savant, la sanction du juge, la force du prince, l'espoir du pauvre, le refuge du coupable, eh bien! ce nom, désormais voué au mépris et à l'anathème, sera sifflé parmi les hommes. Car Dieu, c'est sottise et lâcheté; Dieu, c'est hypocrisie et mensonge; Dieu, c'est tyrannie et misère... DIEU, C'EST LE MAL! »

Jamais les échos de l'univers créé n'ont rien entendu d'aussi monstrueux.

Cela ne satisfait pas encore pleinement

M. Proudhon. Dieu renversé de son trône, le catholicisme ne doit pas rester debout.

Notre philosophe passe deux ans à construire une formidable machine de guerre, à la bourrer jusqu'à la gueule de projectiles de toutes sortes, depuis le boulet de gros calibre du sophisme jusqu'à la mitraille des quolibets; puis, un beau matin, la machine éclate, chez Garnier frères, sous la forme de trois volumes compacts et lourds (¹), les plus radicalement subversifs de toute morale religieuse qui soient jamais sortis de la presse, depuis que Guttemberg l'inventa.

S'il était donné à cette œuvre de produire les ravages et de réaliser le cataclysme qu'elle a eus en vue, jamais l'enfer n'assisterait à pareille fête, jamais l'Eglise n'aurait porté pareil deuil.

La morale et la religion sont incompatibles.

(¹) Ces trois volumes ont pour titre : *De la justice dans la Révolution et dans l'Eglise.*

C'est le troisième coup de pistolet philosophique tiré par M. Proudhon.

Ainsi le monde ressemblait à une pyramide, dont Dieu était la base : M. Proudhon renverse la pyramide d'un coup de plume et la dresse sur sa pointe. Nouveau titan, il entasse le paradoxe sur le blasphème, escalade le ciel et en chasse le maître.

Son livre défend au Créateur de s'occuper de ses créatures et de leurs actes.

« De quoi Dieu se mêle-t-il ? S'intéresse-t-il aux fonctions de mon organisme ? pourquoi s'intéresserait-il plus aux fonctions de ma vie morale ? »

À l'entendre, l'existence de Dieu et la réalité d'une autre vie ne nous regardent en aucune façon.

Holà ! bonnes gens, de quoi vous occupez-vous ? Que l'univers se soit créé tout seul, que l'homme ait poussé au pied d'un arbre comme un champignon, ou que l'un et l'autre soient l'œuvre d'un créateur commun, peu vous importe. Dormez en repos, il n'y a rien là qui doive vous causer la moindre alarme. Que nous soyons tout entiers boue et matière, ou que le Créateur nous ait doués d'une âme immortelle, ce sont des questions oiseuses. A quoi diable allez-vous songer, je vous prie?

Depuis l'impur dix-huitième siècle, le siècle de Voltaire et de la Du Barry, le siècle du baron d'Holbach et de Marat, la France n'avait pas entendu prêcher d'aussi abominables doctrines.

M. Proudhon rapetisse notre âme, lui coupe les ailes et lui défend toute pensée, toute aspiration vers l'infini.

Ce curieux philosophe dit à l'homme, en lui montrant la terre :

— Voilà ton unique demeure. Tu y es né, tu y respires, tu y mourras, tu y pourriras. Il n'y a pour toi ni ciel, ni Dieu, ni autre vie.

Merci bien !

Et M. Proudhon appelle cela relever la dignité de notre nature. Il déclare que l'homme est le roi de l'univers, et il lui donne un trône de boue. Armé de la hache à deux tranchants de l'athéisme, il coupe le cable qui attache le navire au port, lance le bâtiment au hasard des orages et s'écrie :

« Vogue, humanité! sois à toi-même ton propre pilote. Boussole, phare, étoile, tu portes tout au dedans de toi-même. Vogue, sans demander d'où tu viens et où tu vas! »

M. Proudhon oublie que deux navires, lorsqu'ils se rencontrent sur la grande route de la mer, se hêlent du haut de la dunette, en échangeant cette triple question :

— D'où venez-vous? où allez-vous? que portez-vous ?

Passagers de la vie, nous nous posons la même formule :

D'où venons-nous, de Dieu ou du néant? Où allons-nous, à Dieu ou au néant? Que portons-nous? Sommes-nous pure matière, ou matière et esprit? Qu'est-ce que notre conscience?

M. Proudhon s'écrie : « Absolu que tout cela, j'ignore l'absolu! »

Et c'est au nom d'une pareille ignorance, c'est en vertu de cette négation, c'est appuyé sur ce doute qu'il ose prendre la barre du gouvernail de l'humanité?

Arrière, sceptique menteur, pilote imprudent! Laisse ce gouvernail à d'autres, tu nous conduis aux abimes.

XIX

Où l'on fait à M. Proudhon l'honneur de discuter avec lui.

Ce curieux philosophe excelle à simplifier les questions.

Il a pour les problèmes les plus compliqués une solution toute prête. Ainsi on avait vu jusqu'à ce jour qu'une loi supposait un législateur, un être quelconque soumis à ses prescriptions, et une sanction.

Vieux raisonnement, vieux système!

Sganarelle de la philosophie, M. Proudhon change tout cela et déclare que l'homme est en même temps « son propre législateur, sa propre loi et sa propre sanction. »

C'est original, mais il me semble que le philosophe se moque un peu des badauds qui le lisent.

Quoi! l'homme, venu on ne sait d'où, l'homme jeté en ce monde sans loi obligatoire pour son âme, sans règle de conduite tracée par une autorité supérieure, l'homme entièrement livré à ses instincts, dégagé de toute croyance en une vie future, l'homme serait assez ennemi de lui-même, assez imbécile pour s'imposer des lois et des entraves?

Eh! pauvre fou, laisse-là ta justice! renverse cette digue que tu as élevée pour mettre obstacle au débordement de tes passions. Forçat volontaire, brise ta chaîne, et marche dans ta liberté!

M. Proudhon répondra: « Mais en nous la justice est *immanente*. »

Alors, comment conciliez-vous l'immanence de la justice avec la qualité de législateur que vous attribuez à l'homme?

Si la loi est immanente en nous, c'est-à-dire si elle est née avec nous, jamais nous n'avons eu besoin de l'établir, et votre système de l'homme-législateur croule par la base.

La conscience serait alors une faculté sur l'origine de laquelle l'homme ne devrait avoir aucune prétention, car il n'aurait pas plus créé sa conscience qu'il n'a créé son intelligence. Il ne peut être ni son propre législateur, ni son propre créateur.

D'où vient donc la conscience, si l'homme ne l'a pas faite?

D'où vient la loi, si l'homme ne l'a pas portée?

D'où vient la justice, si l'homme, au lieu d'en être l'auteur, n'en est que le réceptacle?

« La justice, dites-vous, est humaine, tout humaine, rien qu'humaine. » Et de quel droit prétendez-vous me contraindre à lui obéir?

Jeté hier sur un point de l'espace pour disparaître demain, que me fait votre justice? Que me font vos lois d'un jour, si elles ne s'appuient pas sur une base plus solide que la terre que je foule et que je quitterai bientôt, si elles ne répondent pas aux lois éternelles, et si, enfin, justice et lois n'ont pas de sanction au delà de cette vie éphémère?

Mais la conscience, mais le remords?

Que m'importe la conscience, si elle ne relève que de moi, et si j'en suis le législateur? Quant au remords, je vous dénie le droit d'en parler, à vous qui refusez à la loi morale tout caractère divin.

Vous n'avez pas plus créé le remords que la justice.

L'un et l'autre existent malgré vous, et vous ne pouvez ni les faire naître ni les tuer. Le remords est la plainte intime et secrète de la justice outragée; il est une des preuves les plus éclatantes de la transcendance et de l'origine divine de cette même justice.

Mais la société?

Parbleu! que la société me laisse en repos. Ne se compose-t-elle pas d'hommes semblables à moi et législateurs de leur propre conscience?

M. de Girardin, cet autre grand raisonneur de la déraison, qui refuse comme vous à la justice tout caractère divin, n'a-t-il pas dit : « Je nie la morale, je nie le droit, la pudeur, la bonne foi, la vertu. Tout est crime, naturellement crime, nécessairement crime. Je propose contre le crime un *système d'assurances!* »

Que répondrez-vous à M. de Girardin au nom de votre justice « purement humaine, toute humaine, rien qu'humaine ? »

Y a-t-il une justice?

Vous dites oui, M. de Girardin dit non. Qui sera juge entre vous deux? N'êtes-vous pas, lui comme vous et vous comme lui, *législateur*, *loi* et *sanction?*

Double Babel et double chaos!

Que diriez-vous d'une planète errant çà et là dans l'espace, tout enivrée de sa lumière d'emprunt, et qui afficherait la prétention de régner seule au firmament et d'en être l'unique flambeau? Que diriez-vous, si elle s'arrogeait le droit de présider à sa propre gravitation, et si elle niait le soleil, dont elle réfléchit les feux sur un de ses hémisphères, tandis que l'autre reste plongé dans la nuit?

L'intelligence et la conscience humaines sont les planètes du monde moral.

Sur elles tombe le double reflet du soleil d'intelligence et de justice. On peut dire de l'âme de l'homme qu'elle est semblable à un astre opaque; elle ne tire pas d'elle-même sa clarté. C'est en vain que vous dites à la planète : « Tu es le soleil! » elle n'en est pas plus lumineuse.

Vous posez vous-même cet axiome : « Rien ne se produit en vertu de rien. »

Quelle fut donc la vertu créatrice de la religion et de la conscience? Comment résolvez-vous le grand problème de l'origine des choses? Vous vous gardez bien d'en dire un seul mot, ô philosophe sans franchise!

Nous ne sommes pas dupes de ce silence; vous saviez bien que, si vous touchiez à l'énigme, le sphinx vous dévorerait, vous et votre système.

« La notion de Dieu, comme cause, dites-vous, est le fait d'une intelligence inexercée. »

O Newton, Leibnitz, Mallebranche, Descartes, Bossuet, Fénélon, Pascal! vous tous, grands génies, qui avez cru en Dieu, créateur et cause, vous voilà déclarés par le sieur Proudhon des *intelligences inexercées!* Seul il croit avoir la logique assez puissante pour s'élever au-dessus des questions solennelles que vous vous appliquiez autrefois à résoudre.

Il est vrai que cet aigle de l'argumentation

ne sait pas d'où il vient, où il va, quel est Dieu et même s'il y en a un, quelle est l'âme et même si nous avons une âme.

Sa force de génie consiste à ne s'occuper d'aucun de ces mystères. En chercher l'éclaircissement est le fait d'une *intelligence inexercée*.

« Questions oiseuses, dit-il, l'âme humaine ne pouvant s'élever à la conception de l'absolu. »

Triste blasphémateur !

Vous vous donnez des peines infinies pour échapper à Dieu, vous fermez l'œil pour ne pas le voir, vous le poursuivez des plus grossières injures, vous l'appelez le MAL, vous déclarez à la face de ce soleil qu'il a créé, comme il vous a créé vous-même, qu'il n'est qu'*injustice, immoralité, sottise* et *lâcheté;* vous fuyez au fond des enfers du doute pour échapper à cette impérissable clarté qui vous poursuit.

Et, au moment où vous vous croyez à l'abri dans la haine et dans les ténèbres, elle éclate de tous ses rayons. — Vous vous trouvez face à face avec Dieu!

XX

La discussion continue.

Sortons un instant du fatras de cet œuvre, où vous entassez pêle-mêle, antiquaire maladroit, les armes couvertes de rouille, émoussées, brisées, que dix-huit siècles ont fournies à l'arsenal irréligieux pour combattre la foi chrétienne, et parlons de votre préface.

Vous y tracez un tableau de la société moderne, qui ne manque, je dois le dire, ni d'exactitude, ni de ressemblance.

Oui, « la société ne sait plus où elle va ; » oui, « le doute la tue! » Semblable au ver qui se glisse à l'intérieur d'un fruit et le ronge, le scepticisme pénètre dans le cœur du siècle et menace de le dévorer jusqu'à la dernière fibre.

« Sous l'action desséchante du doute, — je cite vos propres paroles, — la moralité française est détruite dans son for intérieur. Il n'y a plus rien qui tienne, la déroute est complète. Pas une institution que l'on respecte, pas un principe qui ne soit nié, bafoué. Plus d'autorité ni au temporel ni au spirituel ; partout les âmes sans point d'appui, sans lumière. Nous n'avons plus de quoi jurer ni sur quoi jurer. Avec le sens moral, l'instinct de conservation lui-même est éteint. La direction générale livrée à l'empirisme, une aristocratie de Bourse se ruant sur la fortune publique, une classe moyenne qui se meurt de poltronnerie et de bêtise, une plèbe qui s'affaisse dans l'indigence et les mauvais conseils, la femme enfiévrée de luxe et de luxure, la jeunesse impudique, l'enfance vieillotte, tel est le profil de notre siècle. »

Passant ensuite en revue chaque institution, chaque doctrine politique, vous les cinglez à tour de rôle de votre fouet brutal.

« La centralisation?... c'est Paris avec ses administrations, ses compagnies, ses plaisirs et son parasitisme; il absorde et dévore la France. — Le Parlementarisme?... il a trahi tous les partis, plaidé toutes les causes; il a donné le spectacle des plus honteuses palinodies. — La Philosophie?... elle a déserté le culte de la raison et de la *matière*, pour se *vautrer dans le* SPIRITUALISME, *négation de la* JUSTICE. — L'Economie politique?... elle s'est faite la complaisante du privilége, elle a toujours été du côté du plus fort. — La Littérature?... fille de la Révolution par Voltaire, Jean-Jacques Rousseau, Volney, Beaumarchais, elle a renié sa mère. Tour à tour classique ou

romantique, elle est morte à l'heure qu'il est.
— La Démocratie?... elle méconnaît son origine et bafoue Diderot, Condillac, Voltaire, tous les Pères et les Docteurs de la Révolution. En 1848, elle s'est trouvée sans vertu, sans génie et sans souffle! »

Il n'est pas jusqu'au Socialisme, au glorieux Socialisme, dont vous êtes l'adepte le plus fervent, qui ne reçoive son coup de boutoir.

« Le Socialisme, dites-vous, a été tour à tour sentimental, évangélique, théocratique, *éroticobachique*, *omnigame*. Il est devenu la BANCOCRATIE! »

Après avoir débuté par cette amère et virulente satire de la société moderne, vous ajoutez :

« Est-ce là une existence? Ne dirait-on pas plutôt une expiation? Le bourgeois expie, le prolétaire expie... »

Vous y êtes, monsieur le philosophe ; arrêtons-nous là !

Oui, c'est une expiation, une expiation terrible. Notre croyance, à nous autres chrétiens, est que chaque individu reçoit dans une autre vie la peine ou la récompense de ses actes mauvais ou bons.

Mais nous croyons aussi que les peuples, dès ce bas monde, sont récompensés ou punis pour leurs vertus ou pour leurs crimes collectifs.

Donc, la société moderne expie.

Elle expie les doctrines fatales du dix-huitième siècle, de ce siècle irréligieux, révolutionnaire, que vous comblez d'éloges, et dont elle est la fille. Elle expie les forfaits exécrables de cette Révolution, d'où elle est sortie et qui l'a baptisée dans le sang ; elle expie ses erreurs, elle expie ses crimes contre elle-même et contre Dieu.

Châteaubriand dit que l'humanité conserve du souvenir du déluge une mélancolie dont elle n'a jamais pu se guérir : de même la société française, échappée au déluge sanglant de 93, est atteinte d'un mal analogue, en se rappelant le désastre.

Oui, la France est triste, Monsieur !

N'en soyez point surpris : elle porte le deuil de toutes les nobles têtes moissonnées par la hache du bourreau. Nous pouvons dire avec Saint-Marc Girardin :

« L'esprit a perdu sa clarté ; le cœur n'a plus de joie. Nous nous sentons dans le brouillard, nous trébuchons en cherchant notre chemin. De nos jours la gaieté est une chose rare, même chez la jeunesse. »

Déjà Wellington disait de nous, en 1815 :

« Cette nation n'a pas de principes. »

Et Royer-Collard ajoutait :

« Notre société tombe en poussière. Il ne reste que des souvenirs, des regrets, des utopies, des folies, des désespoirs. »

La France expie !

Ouvrez avec nous les grandes annales de

l'humanité : sur chaque page on trouve la preuve d'une longue et funèbre expiation. Vous le proclamez vous-même bien haut: « L'histoire, dites-vous, n'est en grande partie qu'une interminable liste d'erreurs, d'oublis de la justice, de turpitudes et de crimes. Tour à tour elle est rouge de sang, ou souillée de boue. »

Et vous n'êtes pas frappé de ce phénomène étrange ?

Vous n'en concluez pas que l'humanité porte en elle un principe morbide, une cause latente de dégénérescence ? Vous niez la chute primitive, seule clé de tant d'énigmes, seule explication possible des mystères d'iniquité, de malheur et de ruine dans la vie des peuples ?

Ah! « le doute nous tue! »

Et d'où nous est-il venu, ce doute ? Quel souffle empesté apporte avec lui ce choléra des intelligences ? Le mal nous dévore : qui nous a inoculé ce mal terrible... qui ? sinon vous et ceux qui vous ressemblent.

Qui donc, je vous le demande, excite la société moderne à se dégager de tout respect pour les institutions, à nier, à bafouer tout principe?

Qui lui enseigne la révolte contre toute autorité?

Qui détruit tout équilibre?

Qui imprime à la France, — ô logicien que vous êtes! — ces violentes oscillations, grâce auxquelles on la voit tour à tour s'incliner d'un pôle à l'autre, et passer successivement, à intervalles périodiques, de l'anarchie à la compression d'un bras victorieux?

Qui nous a lancés dans la voie funeste du scepticisme politique et moral?

Qui nous donne l'exemple de ce mépris railleur, insolent, haineux, ennemi de toute espèce de pouvoir?

Ah! vous demandez qui a détruit le respect!

La question dans votre bouche est audacieuse. Que faites-vous donc autre chose, je vous prie, du commencement à la fin de cet énorme livre imprimé chez Garnier frères?

Sans parler de l'autorité temporelle, dont je n'ai pas à m'occuper ici, comment traitez-vous l'autorité spirituelle? Dans quelle page de votre œuvre n'est-elle pas NIÉE, BAFOUÉE? Où s'arrêtent vos sarcasmes? Jusqu'où ne portez-vous pas le manque de respect et le mépris? Devant quelle dignité, devant quelle majesté de la terre ou du ciel vous inclinez-vous?

D'une main sacrilége vous souffletez Dieu, et vous déplorez que toute institution, tout principe soient NIÉS et BAFOUÉS? Et vous pleurez le respect qui s'en va?

Larmes inconséquentes, larmes hypocrites, larmes de crocodile!

Celui qui ébranle les colonnes d'un édifice est doublement mal venu de se plaindre, quand cet édifice chancelle.

Du reste, tous ces désordres de l'intelligence

remontent plus haut que vous, et pour les produire on comptait avant la vôtre une foule de personnalités agressives.

Vous-même, tous ceux dont j'ai parlé, comme tous ceux dont je dois parler encore, vous n'êtes que la queue du reptile.

La Réforme, il y a trois cents ans, déploya sa bannière, secoua le joug de l'autorité spirituelle et inaugura le règne de l'anarchie religieuse.

Puis arriva le dix-huitième siècle, qui fut à la fois le plus vantard de philosophie, le plus fanfaron de sagesse, le plus infecté de corruption, — siècle du sarcasme, et du persifflage, siècle dont l'aurore se leva dans la fange et dont le dernier soleil se coucha dans le sang.

De sarcasme en sarcasme, on en vint à tout démolir, et le persifflage impie du sieur Arouet, — un de vos hommes! — amena le plus effroyable bouleversement qui ait épouvanté le monde depuis l'ère géogonique. Les mots fins et musqués des beaux esprits Pompadour aboutirent aux formidables railleries, aux funèbres jeux de mots des massacreurs de septembre et aux aboiements sanguinaires des tricoteuses républicaines, ignobles orfraies de la mort !

L'Encyclopédie engendra Danton, M. de Voltaire engendra Marat.

Un jour, sous la figure d'une prostituée, la Raison monta sur les autels pour s'offrir à elle-même de l'encens et des adorations.

Ce jour-là, le peuple perdit le respect dû à Dieu.

Un autre jour, le bourreau put mesurer la taille d'un roi couché sur la planche d'une guillotine.

Ce jour-là, le peuple perdit le respect dû à l'autorité.

Lorsque les volcans de Java entrent en éruption, disent les voyageurs, la terre tremble au loin, la mer bouillonne et bat le rivage de ses vagues furieuses. Le soleil se voile de nuages sanglants. Une nuit profonde enveloppe le ciel de ses ombres sinistres. Des torrents de poussière, chassés par un souffle impétueux, couvrent l'Océan et les îles lointaines, pendant que les flots d'une lave ardente portent partout le ravage et la terreur.

Ainsi fut-il du volcan révolutionnaire.

La commotion qu'il a imprimée au sol européen dure encore, et le tremblement de terre a été si violent, que nous en ressentons le contre-coup à soixante-dix années de distance. Les nuages qui voilèrent alors le soleil de la justice ne sont pas dissipés, la nuit du doute nous couvre de ses ténèbres.

Nous ne savons quelle route suivre, et nous nous débattons anxieusement dans une lugubre et universelle angoisse.

Depuis le jour de la catastrophe, la société trébuche et manque d'assises.

Et vous demandez, Monsieur, pourquoi « il n'y a plus rien qui tienne, » pourquoi « la déroute est complète ? »

Mieux que personne, vous devez le savoir, vous qui continuez l'œuvre de bouleversement, et qui proclamez la révolution de 93 « l'ère nouvelle de l'humanité, la mère de la Justice. »

Etrange et sinistre justice !

Au lieu de balance, je vois dans ses mains un couperet.

Il faut l'avouer, Monsieur, ce que vous appelez la justice étant le contraire diamétral de la justice avouée par la conscience, et ne reposant que sur le chaos, la contradiction et la plus incontestable iniquité, vous êtes logique dans votre paradoxe, vous êtes conséquent dans l'absurde.

Le catholicisme dit : « La crainte de Dieu est le commencement de la sagesse. » Vous retournez la proposition et vous dites : « Le commencement de la sagesse est la négation et le mépris de Dieu. »

« Gloire et obéissance à Dieu ! » dit le chrétien.

« Guerre à Dieu ! » répondez-vous.

En effet, c'est là votre devise et la devise de la Révolution. Voilà le fondement de votre justice et son premier précepte : « Guerre à Dieu ! » Ce cri sinistre retentit d'un bout à l'autre de vos œuvres (¹), on peut dire qu'il est le mot de ralliement de votre croisade philosophique.

M. de Voltaire avait dit : « Ecrasons l'in-

(¹) Reçu franc-maçon, le 8 janvier 1847, dans la loge de *Sincérité, parfaite union et constante amitié*, Orient de Besançon, M. Proudhon, comme tout néophyte, dut répondre aux trois questions d'usage : — Que doit l'homme à ses semblables ? Que doit-il à son pays ? que doit-il à Dieu ? « Sur les deux premières questions, dit-il lui-même, ma réponse fut telle à peu près qu'on la pouvait attendre. Sur la troisième, je répondis par ce mot : LA GUERRE ! Justice à tous les hommes, dévouement à mon pays, GUERRE A DIEU ! » Telle fut ma profession de foi.

fâme! » A un siècle de distance, vous lui répondez : « Guerre à Dieu! »

Voltaire a passé, *l'infâme* lui a survécu; vous passerez à votre tour, et Dieu, semblable au soleil qui inonde ses infimes insulteurs du déluge éblouissant de ses rayons, Dieu continuera, malgré vos outrages et vos dénégations impies, d'être le Créateur éternel, l'auteur de la justice et la justice elle-même.

Si parfois, au milieu de quelque nuit sombre, vous avez rencontré, sous le portique du Panthéon, les mânes ricanants du vieux loup de Ferney, ils ont dû presser votre main comme on presse la main d'un frère.

Quelle joie de réunir votre haine en un long et sympathique baiser!

Ce n'est pas à vous que ferait peur « l'épouvantable rictus, » dont parle le comte de Maistre, ni « ces lèvres pincées, ressort toujours prêt à se détendre pour lancer le sarcasme. »

Je vois d'ici Proudhon et Voltaire échangeant leur mot d'ordre, et l'écho des voûtes répète ce double blasphème :

« Guerre à Dieu ! Ecrasons l'infâme ! »

Dans ce beau livre, publié par MM. Garnier frères, vous dites :

« L'Eglise, comme le roseau de la fable, plie et ne rompt pas. Du train dont la mènent ses ineptes rivaux, elle durerait encore dix-huit siècles en pliant toujours. Elle plie devant la puissance politique et elle dure, devant la philosophie elle plie et elle dure, devant la Réforme elle plie et elle dure. Elle durera tant qu'elle ne sera pas attaquée dans son fort, tant que la Révolution, élevant plus haut le débat, n'aura point débarrassé la justice de cette sanction divine qui la rend boiteuse, et dont l'Eglise est le suprême représentant (1). »

Voilà, Monsieur, comme vous écrivez l'his-

---

(1) Tome I, pages 36 et 37.

toire au nom de la justice: « L'Eglise ne dure qu'à la condition de plier. »

Elle plie devant la puissance politique. — Dans les trois premiers siècles de son existence, et, plus tard, pendant le règne de votre sublime Révolution, l'Eglise, en effet, s'est courbée devant la puissance politique, mais c'était pour offrir sa tête à la hache des bourreaux.

Jadis des millions de fidèles plièrent ainsi sous le glaive des Néron, des Dioclétien, des Tibère.

L'Eglise pliait, lorsque, par la voix de saint Ambroise, elle arrêta au seuil du temple et condamna à une pénitence publique celui devant lequel s'inclinait le reste de l'univers, Théodore, souillé du meurtre de sept mille habitants de Thessalonique. L'Eglise pliait dans la personne de saint Athanase, qui défendit avec un courage héroïque le christianisme naissant contre la haine et la puissance des empereurs schismatiques ou païens. L'Eglise pliait, quand, au siècle d'Attila, Rome, Orléans, Troyes, Paris furent sauvés des flammes et du massacre par saint Léon, saint Aignan, saint Loup et sainte Geneviève. Elle pliait, quand saint Grégoire de Tours protégea contre les fureurs de Chilpéric et de la sanguinaire Frédégonde le jeune Mérovée, qui était venu chercher un asile auprès du tombeau de saint Martin ; comme elle pliait aussi, lorsque cette même Frédégonde, voulant donner un libre essor à ses crimes, cloua par un coup de poignard le reproche et la censure dans la gorge d'un vertueux évêque. Elle pliait, quand le pape Grégoire V imposa à Robert, roi de France, une pénitence de sept années, pour le punir d'avoir violé par son mariage les lois ecclésiastiques. Elle pliait, quand Grégoire VII, ce fils de charpentier ceint de la tiare, soutenait intrépidement les prérogatives de sa couronne spirituelle et temporelle contre les envahissements de l'empereur Henri IV. réduit à s'humilier aux pieds du pontife. Ne pliait-elle pas aussi, lorsque Boniface VII combattait les prétentions de Frédéric d'Allemagne et de Philippe-le-Bel? Ne pliait-elle pas encore, lorsque seule, opposant une digue aux effroyables désordres, aux sanglantes guerres civiles qui désolaient la France et l'Allemagne, vers le treizième siècle, elle força les partis qui s'entr'égorgeaient à accepter la *Trêve de Dieu*?

L'Eglise a plié pendant tout le moyen âge, lorsque, représentant l'intelligence, la raison, la justice, et faisant contre-poids au pouvoir brutal, elle prit en tutelle la société mineure, défendit les peuples contre les rois, les faibles contre les forts, et ne craignit pas de foudroyer de ses armes spirituelles les diadèmes et les sceptres. Elle a plié, quand, à l'aurore des temps modernes, elle refusa de satisfaire les caprices impudiques de Henri VIII, retranchant du trône de sa puissance un de ses rameaux les plus verdoyants, plutôt que de souffrir une atteinte à la morale éternelle et à la justice.

Au dernier siècle enfin, nos pères l'ont vu plier, quand, pour ne pas obéir aux Tibères et aux Dioclétiens de la Terreur, fidèles, prêtres, pontifes donnaient leur tête au couteau de la guillotine, ou mouraient déportés sous le ciel dévorant des Guyanes.

De nos jours, elle plie, n'est-ce pas, contre les envahissements du Piémont et contre toutes les rages révolutionnaires déchaînées contre elle?

Elle plie devant la philosophie. — Où, quand, Monsieur?

Pliait-elle devant Manès ressuscitant le dualisme de Zoroastre, devant les néoplatoniciens d'Alexandrie, devant Plotin, Philon, Porphyre, Jamblique et Proclus?

A-t-elle plié devant Spinosa et son *Ethique*, devant Voltaire et l'*Encyclopédie ;* devant le rationalisme allemand qui, parti du doute spéculatif, est arrivé à l'athéisme pur et simple ; devant Kant, Schelling, Fichte, Hégel, Feuerbach ?

A-t-elle plié devant le sensualisme de La Romiguière et le panthéisme de M. Cousin ?

A-t-elle plié devant Lamennais ?

A-t-elle plié devant les mille systèmes contradictoires qu'il a plu à la philosophie moderne d'inventer, ou plutôt de réédifier ?

Plie-t-elle devant le sieur Jean Reynaud et sa métempsycose, devant M. Jules Simon et sa religion naturelle ? devant le beau Renan et sa *Vie de Jésus ?* Croyez-vous qu'elle pliera devant les trois volumes impies publiés chez Garnier frères ?

Elle plie devant la Réforme. — Allons, Monsieur, prenez la liste des innombrables fondateurs de sectes ; évoquez-les tour à tour, se nommassent-ils Henri VIII, Luther ou Calvin, et questionnez-les, afin de savoir si l'Eglise a plié devant leur révolte. Elle a ressenti, vous n'en doutez pas, une douleur profonde au départ de ses enfants parjures ; elle est pour eux toujours prête à la miséricorde et au pardon ; mais, assise sur le roc immuable de son dogme, elle ne donne aucun signe de faiblesse, aucun signe de crainte.

Ses ennemis passent, elle reste debout !

Pour en finir avec M. Proudhon, ce philosophe est l'héritier de Voltaire le plus dangereux peut-être, je ne dis pas pour le peuple, qui n'abordera jamais son lourd pathos et ses ténébreuses argumentations, mais pour cette classe bourgeoise du demi-savoir, à laquelle, depuis un siècle bientôt, nous devons nos calamités, parce qu'elle fait bêtement écho à tous les blasphèmes philosophiques.

M. Proudhon est l'homme de cette classe.

Il est obscur, on le croit profond ; il est

brutal, on le croit logique, et le demi-savoir n'a pas les éléments voulus pour se détromper.

Toutes les œuvres de cet écrivain démagogue sont écrites à la plus grande satisfaction des appétits coupables : appétit d'irréligion, appétit de bouleversement, appétit de discorde. On ne les brûle pas en place de Grève, parce que ce genre d'exécution est passé de mode ; mais un châtiment plus terrible est réservé à l'auteur : je parle de l'indignation que soulèvent ses pages dans ce pays chrétien, dont il blesse la conscience et insulte la foi.

M. Proudhon s'est perdu par excès d'orgueil.

On ne le convaincra jamais que la Providence n'a pas été injuste à son égard, en lui donnant une origine pauvre et en le déshéritant des biens de ce monde.

Ne pouvant s'en prendre efficacement à la société, parce que le gendarme est là qui la protége, il s'en prend à Dieu et à la foi chrétienne.

C'est plus commode.

Les gouvernements d'aujourd'hui songent à leur propre défense, et ne se préoccupent pas du reste.

XXI

Deux anciens catholiques. — Courtes
réflexions sur MADEMOISELLE DE LA
QUINTINIE, sur la VIE DE JÉSUS et
sur leurs auteurs.

S'en prendre à Dieu et au catholicisme, toutes les passions en arrivent là : c'est le dernier effort de leur délire.

Demandez-le plutôt à l'illustre bas-bleu qui vient de publier dans la Revue des Deux-Mondes, *Mademoiselle de la Quintinie*, et à l'ancien séminariste qui, pour sa plus grande confusion en ce monde et en l'autre, a signé la *Vie de Jésus*.

Quelqu'un disait à Ravignan, de sainte et illustre mémoire :

« — Comment avez-vous fait, mon révérend père, pour devenir ainsi maître de vous-même ?

» — Nous étions deux, répondit le grand orateur chrétien : j'en ai jeté un par la fenêtre, et je suis resté seul chez moi. »

Voilà notre histoire à tous.

Il y a deux hommes en nous qui luttent sans cesse, l'un bon, l'autre mauvais. C'est le bon que madame Sand et M. Renan ont jeté par la fenêtre.

On remarque dans la vie de ces deux personnages une ressemblance singulière. Eclairés sous la même face, ils offrent un phénomène analogue, celui de l'apostasie la plus criminelle et la plus honteuse, succédant à la foi la plus vive et la plus ardente.

Au couvent des Augustines, où elle a passé la plus grande partie de sa jeunesse, mademoiselle Aurore Dupin fut un modèle d'édification pour ses compagnes ; on admirait son recueillement profond au pied de la croix, son angélique piété, son innocence et sa candeur. Elle se plongeait dans l'amour divin jusqu'à l'extase. Or, ce n'était pas le simple élan d'une âme sensible : mademoiselle Aurore avait dix-sept ans, une éducation très-avancée, une foi complète reposant sur de solides études religieuses. Elle écrivait alors dans le style de sainte Thérèse.

D'un ange il ne lui manquait absolument que les ailes.

Pourquoi, cinq ans après, vit-on mademoiselle Aurore, devenue madame Dudevant, courir les rues de Paris en habit d'homme, une cravache à la main et la cigarette aux lèvres?

Pourquoi, sous le nom de George Sand,

vécut-elle éloignée de son mari et de ses enfants ?

Pourquoi publia-t-elle ces livres dangereux, justification folle de ses actes, soufflet donné à nos institutions sociales les plus saintes? Pourquoi s'appliqua-t-elle à flétrir le mariage, entassant volumes sur volumes pour démoraliser son sexe ?

Enfin, pourquoi la Religion, qui l'a vue à genoux, la retrouve-t-elle aujourd'hui le blasphème à la bouche et la haine au cœur?

La réponse est déjà faite. Parlons de M. Renan.

Vers 1840, on admit au séminaire de Saint-Sulpice un jeune breton, de famille pauvre, et on l'admit avec bourse entière. Il avait fait gratuitement déjà d'excellentes études dans d'autres écoles ecclésiastiques, et on le destinait à suivre les cours de haute théologie. Pendant trois années encore, il reçut de l'Eglise le pain matériel et le pain de l'intelligence.

Comme la pensionnaire des Augustines, ce jeune homme était un modèle de ferveur. Il communiait souvent, et on le voyait pleurer à la table sainte.

Pourquoi le séraphin de Saint-Sulpice est-il devenu l'ennemi de Jésus?

Pourquoi ce fils de l'Eglise, nourri de son lait le plus substantiel, a-t-il dépouillé sa robe de lévite? Pourquoi le voyons-nous aujourd'hui mordre sa mère à belles dents?

C'est tout simple, une des deux natures a triomphé de l'autre.

Dans l'hypothèse où M. de Ravignan, comme les malheureux dont je parle plus haut, eût cédé à la nature corrompue, on aurait pu le voir, bourrelé de remords, essayer de les étouffer par le sacrilége et chercher, lui aussi peut-être, à nier la divinité du Christ; de même que la carmélite d'Avila, dans les conditions où s'est placée madame Sand, aurait pu écrire *Valentine* et *Mademoiselle de la Quintinie*.

Où l'ange disparaît, le démon devient maître.

Tous ceux qui ne faiblissent pas devant les coupables instincts que la foi condamne portent l'Évangile au fond du cœur, et, par contre, on n'a pas besoin de grandes recherches pour trouver le motif secret de ceux qui le foulent aux pieds.

« Il me gêne, il m'inquiète, il me tourmente, et je le déchire ! »

Ce fut là, de tout temps, l'unique raison des impies. Depuis Julien l'Apostat jusqu'à Voltaire, ils n'en eurent point d'autres.

On l'a dit avant moi, madame Sand ne serait pas une adversaire aussi implacable du catholicisme, si elle n'avait pas un si grand nombre d'absolutions à lui demander.

Quant au livre de M. Renan, c'est le cri de *sauve qui peut* du remords.

Il n'a fait que reproduire, pour essayer de se tromper lui-même et pour mentir à son âme, les objections absurdes, les misérables arguties pulvérisées mille fois depuis l'origine du christianisme.

« Nous sommes en présence, dit l'abbé Freppel (1), non pas de quelques erreurs de détail qui peuvent échapper à tout écrivain, mais en face d'une ignorance constante ou d'une tromperie systématique, qui consiste à affirmer ou à nier sans l'ombre d'une preuve ; à citer, sans les reproduire, des textes qui disent tout le contraire de ce qu'on y place ; à passer sous silence tout ce qui pourrait donner l'éveil à une classe de lecteurs qu'on tient à mystifier en abusant de leur inexpérience ou de leur crédulité ; à opposer aux documents historiques des contes imaginaires ; à user tour à tour de formules tranchantes pour déconcerter les simples, et de vagues

---

(1) *Examen critique de la* VIE DE JÉSUS. — Bray, éditeur, 66, rue des Saints-Pères.

peut-être lorsqu'on est embarrassé ; à dissimuler enfin, sous un faux semblant d'érudition, l'absence de critique sérieuse et de science véritable. Voilà pourquoi, après les preuves que nous avons fournies, nous sommes en droit d'appeler la *Vie de Jésus* un misérable roman, une grave insulte au bon sens public et à l'honneur des lettres françaises. »

Saint Athanase, patriarche d'Alexandrie, disait, vers la fin du quatrième siècle aux Renan de son époque :

« Vous voulez que le Christ soit un homme ? Mais comment se fait-il qu'un homme seul triomphe de tous les dieux que les païens adorent, et que, par une force qui lui est propre, il les convainque de n'être qu'un pur néant ? Vous voulez que ce soit un magicien ? Mais comment un magicien a-t-il pu détruire la magie d'un bout à l'autre du monde, au lieu d'en affermir le règne ? Vous voulez que ce soit un démon ? Mais comment le serait-il, puisque partout il chasse les démons et les condamne à l'impuissance? Et puisqu'il n'est pas un homme, puisqu'il n'est pas non plus un magicien, puisqu'il est encore moins un démon, lui qui a dissipé les prestiges des démons, démenti les fictions des poètes, confondu la sagesse des Gentils, n'est-il pas évident, ne doit-il pas être constant pour tous qu'il est le fils de Dieu, le Verbe éternel, la sagesse et la vertu du Père? Ses œuvres appartiennent manifestement à un ordre plus élevé que notre condition mortelle, et plus on les étudie en elles-mêmes, plus on les compare avec les actions des autres hommes, plus on reste convaincu qu'elles n'ont pu émaner que d'un Dieu (1). »

Il n'y a rien à ajouter à ces paroles solennelles d'un père de l'Eglise.

Je trouve que c'est faire à M. Renan beau-

---

(1) Saint Athanase. — *De incarnatione Verbi.*

coup trop d'honneur que de réfuter son œuvre. L'iniquité, la mauvaise foi, le mensonge y éclatent à chaque page avec une évidence telle, que sur une âme saine, sur un cœur loyal, il est impossible que ce livre ne produise pas l'effet diamétralement opposé à celui que l'auteur veut obtenir.

Un général très-habile au pistolet, dit M. Henri Lasserre (¹), se prit un jour de querelle avec un tout jeune homme charmant et bon, aimé de tous.

On alla sur le terrain, et le général, à qui le sort avait laissé le choix des armes, voulut le pistolet. Le jeune homme tira le premier et manqua.

Le vieux duelliste abaissa son arme.

— Jeune homme, dit-il avec un accent paternel, vous avez à peine vingt ans, votre cœur se repose dans mille espérances douces et

---

(¹) L'*Evangile selon Renan*. — Victor Palmé, éditeur, 22, rue Saint-Sulpice.

sacrées. Vous voulez vivre, n'est-ce pas, vivre pour votre mère dont vous êtes l'unique enfant? Vous voulez vivre aussi pour une autre, car je sais que vous aimez. Eh bien, regardez ce beau ciel, songez à votre vieille mère, à votre fiancée. Oui, je le veux, ouvrez largement votre âme à toutes les promesses que vous fait la vie!

Le général parla ainsi quelques instants. Sa voix était émue; il semblait profondément attendri. Il fut superbe, éloquent, et il était impossible d'entendre de plus magnifiques paroles.

Remué jusqu'au fond de l'âme, le jeune homme n'y tint plus; il allait s'élancer dans les bras d'un ennemi si généreux...

— Attendez, Monsieur, dit l'adversaire, en relevant son arme à la hauteur de l'œil, attendez! Toutes ces espérances que j'éveille en vous, toute cette joie, tous ces rêves, il faut leur dire adieu. C'est à mon tour. Maintenant je vais vous tuer.

Et d'un coup de pistolet ajusté froidement,

il l'atteignit au front. L'infortuné tomba raide mort.

— Excellents pistolets! dit le duelliste.

Lorsque je lis les pages éloquentes qui se rencontrent çà et là dans les livres de M. Renan, le souvenir de cette histoire me revient obstinément à l'esprit. Ce beau style où il se complaît me rappelle le discours éloquent et la factice émotion du général.

M. Renan parle avec un sentiment parfois exquis de la divine religion fondée par Notre-Seigneur, de ce royaume du ciel qui est le suprême espoir et la consolation de ceux qui souffrent ici-bas. Il se plaît à nous répéter combien est splendide et touchant un semblable idéal, combien il répond aux besoins de l'âme humaine. Il nous montre dans Jésus le plus grand des êtres apparus jusqu'ici sur la terre; puis, quand il est parvenu à émouvoir l'âme de ses lecteurs, il leur dit froidement :

— De telles espérances sont vaines! Cet

homme n'était pas Dieu. Par conséquent, si sa morale est parfaite, son paradis est chimérique. Je vous l'ai fait aimer comme le plus beau, le plus grand, le meilleur des enfants des hommes; il est mort, et bien mort. Il n'est point ressuscité, et vous ne le reverrez jamais. Ne me parlez pas de ses miracles. Cet homme était parfait, la terre roulera éternellement sur son axe sans revoir une perfection si haute; mais il était en même temps un menteur, un imposteur, un sacrilége, et ses miracles sont des jongleries. Ne priez donc pas Jésus, il ne vous entend pas! ne priez pas Dieu, jamais il n'intervient au milieu des lois inflexibles qui gouvernent les mondes! Cette vie éternelle dont j'ai bercé les espérances de votre cœur, il faut lui dire adieu. Il faut mourir, et quand on meurt, tout est fini : il n'y a plus rien, — plus rien!

— *Lasciate ogni speranza.*

Dante en a fait le premier mot de l'enfer, j'en fais le dernier mot de ma philosophie!

Hâtons-nous cependant d'établir une différence entre l'abominable duelliste et le professeur au collége de France. Le premier tira son coup de pistolet et tua son innocent adversaire. M. Renan décharge son arme contre le catholicisme et ne tue rien du tout. Avec une attention profonde, avec un soin méticuleux, avec des précautions infinies, il vise Dieu... et il le manque.

Une seule chose trouve grâce devant le défroqué de Saint-Sulpice devenu membre de l'Institut, c'est la conduite de Judas.

Pour le disciple infâme, M. Renan a toutes sortes de sympathies et d'excuses.

Voilà peut-être ce qui explique le succès du livre et sa vente prodigieuse : il y a aujourd'hui tant de traîtres à Dieu et aux hommes!

Les trente pièces d'argent, prix du sang du Christ, que l'Iscariote, avant d'aller se pendre, jeta au seuil du temple, sont multipliées par les intérêts de dix-huit siècles : un séminariste parjure les ramasse, les empoche et se frotte les mains.

C'est l'époque des trahisons heureuses, l'auteur de la *Vie de Jésus* ne se pendra probablement jamais.

XXII

Victor Hugo. — Deux ennemis qui ne comptent pas. — Derniers tronçons de la queue. — MM. Taine, Littré, Michelet, Ernest Feydeau. — La littérature hystérique.

Il est inutile de prendre à partie dans ce livre M. Victor Hugo, qui a donné des gages au voltérianisme par sa dernière œuvre.

Mes deux volumes des *Vrais Misérables* sont une réponse suffisante.

On ne s'attend pas non plus à me voir attaquer sérieusement M. About, ce jeune singe, qui a essayé les manchettes de Voltaire, et n'a fait que se moucher dessus en écrivant la *Question romaine.*

L'auteur du *Maudit* aurait droit peut-être à quelques pages de réfutation, s'il avait signé ses attaques; mais tout écrivain qui s'abrite sous l'anonyme est un lâche, et le mépris seul en fait justice.

Appartiens-tu réellement au clergé?

Dans ce cas je te déclare doublement infâme; car tu restes prêtre, après avoir vilipendé et calomnié le sacerdoce. Tu gardes ton froc, après avoir bavé dessus. Cache-toi dans ta honte et dans ton ordure!

Je ne me bats qu'avec les ennemis qui n'ont pas de masque sur le visage.

Si le *Siècle*, comme je l'ai trop victorieusement démontré, continue l'œuvre de Voltaire et cherche à empoisonner le peuple, d'un autre côté le *Journal des Débats* et la *Revue des Deux-Mondes* s'appliquent à distribuer le même poison aux classes bourgeoises, avec des formes plus hypocrites et par cela même plus dangereuses. Le système de l'athéisme pur et du matérialisme poussé à sa dernière limite a trouvé dans ces deux boutiques de scandale des séides plus acharnés encore que Proudhon et que l'auteur de la *Vie de Jésus*.

N'oublie-t-on pas un peu, dans les conseils du second empire, ce que Napoléon Ier écrivait à son ministre Champagny ?

C'était à l'occasion d'un livre de Lalande, le trop fameux astronome athée.

« Appelez auprès de vous, mandait l'Empereur au ministre, les présidents et les secrétaires de l'Institut. Faites savoir à ce corps illustre, dont je m'honore de faire partie, qu'il ait à enjoindre à M. Lalande de ne plus rien imprimer et de ne pas obscurcir dans ses vieux jours ce qu'il a fait dans ses jours de force pour obtenir l'estime des savants. Et, si ces invitations fraternelles étaient insuffisantes, je serais obligé de me rappeler aussi que mon premier devoir est d'empêcher que l'on empoisonne mon peuple. »

Hélas! aujourd'hui, Lalande est plus que dépassé!

M. Adolphe Taine, écrivain découvert par cet honnête Buloz (¹), est avec M. Littré (disciple d'Auguste Comte) le propagateur le plus infatigable des doctrines qui menacent le repos de la société moderne. M. Taine, en janvier 1860, a osé écrire dans la *Revue des Deux-Mondes* (²) :

« L'examen vraiment libre *chasse le respect*.

---

(1) Le directeur de la *Revue des Deux-Mondes* est d'origine suisse. Genève nous a expédié ce personnage. Un fils de Calvin seul peut donner carrière à toutes les révoltes politiques ou religieuses qui lèvent insolemment leur drapeau dans cet indigne recueil.
(2) Page 45.

Il se moque de ceux qui s'alarmeraient de traiter Dieu comme une HYPOTHÈSE. »

Plus tard, il ajoute, en établissant un système impie dans lequel il supprime Dieu :

« L'homme ne connaît point les substances ; il ne connaît ni l'esprit ni le corps... Il n'atteint que *des faits*... Nous allons même plus loin : *nous pensons qu'il n'y a ni esprits, ni corps*, mais simplement des *groupes de mouvements* présents ou possibles. Nous croyons qu'il n'y a *point de substances*, mais *seulement des systèmes de faits*. Nous regardons l'idée de substance comme une illusion psychologique... Nous considérons *la substance, la force* et *tous les êtres métaphysiques* des modernes comme un reste des entités scolastiques. Nous pensons qu'il *n'y a rien au monde que des faits et des lois*, c'est-à-dire des *événements et leurs rapports* ([1]). »

([1]) Même numéro de la *Revue*, page 71.

Et, dans son livre des PHILOSOPHES FRANÇAIS. nous trouvons ce passage cynique :

« Je fais deux parts de moi-même : *l'homme ordinaire*, qui boit, qui mange, qui vaque à ses affaires, qui *évite d'être nuisible* et qui *tâche d'être utile.* Je laisse cet homme *à la porte.* L'autre homme, à qui je permets l'accès de la philosophie, ne sait pas *que le public existe.* Qu'on puisse tirer de la vérité des effets utiles, il ne l'a jamais soupçonné. A vrai dire, *ce n'est pas un homme :* c'est un instrument doué de la faculté de voir, d'analyser et de raisonner. Vous croyez qu'il souhaite autoriser le sens commun et prouver le monde extérieur ? Non, certes. *Que le genre humain se trompe ou non,* que la matière soit une chose réelle ou une *apparence illusoire,* il n'y met *point de différence.* — Mais vous êtes marié ? — Moi, point du tout : bon pour *l'animal* que j'ai mis à la porte ! — Mais vous établissez la révolution dans l'esprit des Français? — Je n'en sais rien, EST-CE QU'IL Y A DES FRANÇAIS? »

Pas n'est besoin, ce me semble, de pousser plus loin les citations pour montrer combien la *Revue des Deux-Mondes* et ses écrivains de prédilection sont rassurants pour la morale et pour les pouvoirs établis.

Quant au docteur Littré, collègue de M. Taine dans l'officine Buloz, on n'ignore pas que c'est le révolutionnaire par excellence.

Or, comme il est convaincu profondément que le triomphe du matérialisme seul peut rendre sa chère Révolution victorieuse, voici le procédé loyal qu'il a mis en œuvre pour amener la jeunesse française à partager ses doctrines.

Il existait, à l'usage des élèves de nos écoles, un *Dictionnaire médical*, publié en 1806 par M. Capuron, membre de l'Académie, et médecin religieux, s'il en fût. Quatre ans plus tard, voulant imprimer une seconde édition de ce livre, l'auteur s'adjoignit M. Nysten, un de ses collègues, qui partageait sa manière de voir sur Dieu et sur l'âme. Une troisième édition, publiée, en 1814, par M. Nysten seul, eut un succès immense et le livre devint classique.

C'était l'heure ou jamais de s'en servir utilement et de l'approprier aux vues de la Révolution et de la Matière.

M. Littré se chargea de ce soin.

Prenant en main le *Dictionnaire médical*, il en biffa tous les passages qui avaient trait à la philosophie de l'âme et les remplaça d'un bout à l'autre du livre par des articles de son crû, c'est-à-dire ignoblement matérialistes.

Or, vous croyez peut-être qu'après ces coupures et ces interpolations, M. Littré signa le Dictionnaire ?

Il s'en garda bien.

C'eût été une maladresse, la vente aurait pu décroître.

« Le *Dictionnaire médical* ainsi altéré dans son esprit et ses tendances, dit monseigneur Dupanloup (1), s'appelle toujours le Dictionnaire de M. Nysten. Il garde à son frontispice ce nom respecté, et, sous son couvert, il porte dans toute la France, dans toutes les écoles de médecine, à tous les jeunes élèves, le matérialisme de M. Littré. »

Comment qualifierez-vous ces manœuvres de nos aimables philosophes modernes ?

Y a-t-il des tribunaux, ou n'y en a-t-il pas ?

Est-il permis d'employer des moyens plus honteux pour empoisonner nos générations ? Placez la main sur votre conscience et répondez en honnête homme : où va la société, lancée sur une pareille route ?

---

(1) L'évêque d'Orléans a dénoncé le premier ce fait inqualifiable dans une brochure qui a pour titre : AVERTISSEMENT A LA JEUNESSE ET AUX PÈRES DE FAMILLE *sur les attaques dirigées contre la religion.* — Douniol, éditeur, 29, rue de Tournon.

Voyez ce que produisent autour de nous ces théories subversives des principes les plus sacrés de la morale, ces systèmes qui détruisent Dieu, l'âme et la vie future.

Il n'y a plus que deux choses en honneur au monde : l'or et la jouissance matérielle.

Des écrivains lascifs, éhontés, viennent se mettre de la partie et poussent à la roue le char du matérialisme.

Une affreuse maladie littéraire, échappée de la clinique, se propage dans la foule qui écrit et dans la foule qui pense. La voilà devant vous, couronnée de roses flétries, pâle, hâve, la lèvre frémissante et la gorge soulevée par une convulsion suprême !

Jadis elle s'appelait *Maupin*. Plus tard, on la baptisa *Bovary*.

Nous l'avons vue, sous un costume emprunté à la garde-robe de Sapho, s'avancer d'un pas chancelant sous les colonnes ioniennes de la *Revue contemporaine*.

Elle a corrompu le génie de Michelet, de l'homme que ses partisans avaient surnommé le bénédictin de l'histoire ; elle lui a dicté les refrains ignobles d'un banquet de courtisanes.

Avez-vous lu du même auteur le livre de l'*Amour*, ce roman physiologique, pour lequel il semble avoir emprunté le style et l'érudition d'une sage-femme en retraite ? Que pensez-vous de ce nouveau *Tableau de l'amour conjugal,* où il ne manque que les gravures obscènes ?

Il est impossible de l'analyser, sans offenser la pudeur à chaque ligne.

Qu'on se figure toutes les perles de la poésie, toutes les coquetteries de la phrase, toutes les fleurs de la rhétorique, agencées sur ce thème et semées à profusion dans ce cloaque infect.

On est confondu de l'audace de l'écrivain, nous pourrions dire de sa folie.

Tout ce que l'amour a de matériellement ignoble est célébré, chanté, divinisé par M. Michelet.

Nous avons cru voir, — qu'on nous pardonne l'image! — un employé de la maison Richer, fonctionnant en tenue de bal, en gants beurre frais et en souliers vernis.

C'est une apologie complète de l'immonde, une épopée de la fange.

Voilà comme ils sont, tous ces apôtres du désordre et de la matière. Arrêtez-les sur le domaine politique, ils se jettent sur le domaine moral et sur le domaine religieux, pour tout gâter, pour tout flétrir. En pleine société païenne, on n'eût pas abordé l'éloge du sensualisme avec plus d'audace.

Ajoutons qu'en écrivant *la Sorcière*, M. Michelet n'a réhabilité ni sa conscience, ni son style.

Ici, et dans la plupart des romans de l'époque actuelle, vous ne retrouvez pas une seule trace de la lutte entre les écoles rivales. Vous ne reconnaissez plus Impéria, ni Lélia. Ce n'est plus même la Du Barry, ni Aquilina, ni les femmes plâtrées qui s'écaillent dans les chapitres d'Eugène Sue.

C'est la littérature hystérique.

Elle arrache les derniers voiles de la femme, compte les œillets de son corset, les broderies du bas de son jupon; elle va plus loin, — mais taisons-nous.

C'est la littérature de M. Ernest Feydeau, l'auteur de *Fanny*, l'auteur de *Daniel*, que la *Revue contemporaine* a payé douze mille francs. C'est la littérature des alcôves en renom, des créatures qui trafiquent de l'amour, des hommes de Bourse qui ont perdu le sommeil et des Lovelaces éreintés.

Daniel est une Phèdre masculine, sans les splendeurs et l'excuse du drame antique. C'est l'histoire d'un jeune homme qui, par les dispositions d'un logement aux bains de mer, se trouve le voisin d'une aristocratique et charmante jeune fille.

La muraille a des fentes et des yeux.

Devant cette lézarde complaisante s'agite le drame impur de M. Feydeau, et son roman a pour base la violation continue d'une chambre virginale.

« Comment faire, s'écrie le héros du livre, pour approcher de la seule créature que j'aime, pour me *révéler* à elle, ô maudit que je suis! »

Bientôt le charme opère, la maladie se déclare. Daniel ne quitte plus la muraille. Ses journées et ses nuits se passent dans d'indicibles tortures.

On retrouve Jacques Ferrand à l'état chronique.

Ce sont de continuelles interprétations qu'amènent les froissements de la robe qui tombe, les bruits de la toilette, les murmures du sommeil, la voix de la femme de chambre, disant au matin : « Mademoiselle a de si beaux cheveux! » Tout devient pour cet aimable galant texte à imaginations dépravantes, tout, jusqu'aux baisers que la jeune fille donne à sa mère.

Dire qu'il s'est rencontré de nos jours, un homme, un écrivain, pour souiller les ineffables et saintes caresses de la maternité !

Bien des citations se pressent sous notre plume. Nous les avons là, palpitantes de cynisme, effrontées, impudentes. Elles se lèvent du livre et tourbillonnent en ronde folle avec des *évohé* de bacchantes. Mais notre plume se refuse à les reproduire.

Où courent tous ces malheureux écrivains ? A l'hospice sans doute.

Allez, Messieurs, allez, on y soigne qui mal y pense !

La presse politique, en instituant la prépondérance du feuilleton, et après elle les journaux populaires à *dix* ou à *cinq centimes* font naître tout un décaméron de romanciers qui exploitent les sales passions du jour. Paris, la province, l'étranger s'arrachent ces pages coupables, écho des aspirations fiévreuses, des sombres inquiétudes et des débauches frénétiques d'une période sociale fille du matérialisme et de l'ordure. Le prolétaire présenté comme type d'austérité et de vertu, le bourgeron emblème de délicatesse, les gants blancs symbole d'oisiveté, l'habit noir signe de vice et de débauche, telles sont les exagérations de cette école littéraire, qui excite les mauvaises passions de l'atelier, la haine des castes brutales contre les classes intelligentes. Elle donne naissance à une légion d'ouvriers fainéants et hâbleurs, transfuges du travail honnête, dédaignant le gain modeste laborieusement amassé, pour courir les cabarets à la recherche d'histoires graveleuses, d'invectives politiques sonnant creux et de catilinaires inutiles.

Pas une espérance pour l'avenir.

La presse, comme la boutique du libraire, est une autre boîte de Pandore : il ne reste au fond que l'impiété, le cynisme et l'hystérie.

XXIII

Babel, où les assises de la libre pensée.
— Premier tableau.

(*La scène se passe dans les bureaux du* Siècle. — *La rédaction est au grand complet.* — *Foule nombreuse d'hommes appartenant à divers pays.* — *Des buveurs sont attablés aux quatre coins de la salle.* — *On remarque plusieurs femmes dans les groupes.* — *Tumulte indescriptible.* — *Le silence se rétablit peu à peu.*)

M. JOURDAN.

Libres-penseurs, vous savez que le jésuitisme et l'ultramontanisme nous débordent et menacent de submerger le monde de leurs flots impurs. Je vous ai convoqués pour aviser au moyen de les arrêter dans leurs ravages. Disons-le tout d'abord, ce moyen, c'est la liberté ! Qu'est-ce que le Catholicisme, sinon la superstition, l'esclavage et l'intolérance ? Opposons notre indépendance à la servitude. Devant le drapeau du servage catholique et de l'obscurantisme, plantons le drapeau des lumières et de la libre pensée ! *(Bruyants applaudissements.)* Prouvons à l'univers que notre âme, libre de tous liens, ne consentira jamais à s'emprisonner dans les formules d'un symbole. Que chacun de nous vienne donc aujourd'hui battre en brèche et détruire chaque dogme de la foi catholique par un dogme contraire. *(Bravos prolongés.)*

CHŒUR DES BUVEURS.

Air : *La bonne aventure.*

Moi des sujets polissons
Le ton m'affriole.

Minerve dans mes chansons
 Fait la cabriole.
De ma grand'mère, après tout,
Tartufes, je tiens le goût
 De la gaudriole
  O gué!
 De la gaudriole.

(*Tout à coup la porte du cénacle s'ouvre, et on voit apparaître un sauvage, à la face rouge et tatouée, couvert d'un manteau de peau de renard bleu, la tête ceinte d'une couronne de plumes de flammant rose, et portant son tomahawk appuyé sur l'épaule.*)

LE SAUVAGE, *s'avançant.*

Je suis Oualé, fils de Micou, fils de Simaghan. Ma nation est la grande nation des Peaux-Rouges, les plus vaillants chasseurs de la savane. Or, un jour, à l'heure où les magnolias entr'ouvrent leurs corolles, blanches comme le lait d'une cavale, j'invoquais mon manitou, la face tournée vers l'étoile immobile.

Soudain j'entendis le manitou qui me disait :
« Va, traverse le grand lac salé, rends-toi bien vite au village des Faces-Pâles. Là, tu trouveras un sachem savant dans la science du grand Esprit. » Donc, après avoir invoqué Michabou, génie des eaux, j'ai traversé le grand lac salé, et je suis venu vers toi, illustre sachem! (*Il salue M. Jourdan.*) Je suis venu polir avec toi la chaîne de l'amitié et fumer le calumet de paix. J'ai dit.

(*Il allume son calumet, lance une bouffée de tabac vers chacun des quatre points cardinaux et le présente ensuite à M. Jourdan, qui le passe à toute la rédaction du* SIÈCLE. *On dirait d'un conseil tenu par les guerriers peaux-rouges.*)

M. JOURDAN.

Que veux-tu de moi, frère?

LE SAUVAGE.

Je veux que tu m'instruises dans la science du grand Esprit. La réputation de ta sagesse a pénétré sous le wigwam du désert.

M. JOURDAN, *avec un sourire modeste.*

Tu me flattes, ami. Du reste, ton manitou ne pouvait mieux te guider. Voici l'illustre réunion des hommes les plus exercés dans la science; tu vois l'élite des philosophes, tu as pénétré dans le cénacle des lumières. Ecoute, enfant des solitudes, écoute les sublimes enseignements de ces maîtres de la vérité! Quant à vous, libres-penseurs, faites briller aux yeux éblouis de ce fils de la nature toutes les splendeurs du génie philosophique.

M. RENAN.

Qu'il nous interroge.

TOUS LES PHILOSOPHES.

Nous sommes prêts à répondre.

M. JOURDAN.

Je vais mettre ma parole au service de son inexpérience et poser moi-même les questions. A *Jove principium :* libres-penseurs, que pensez-vous de Dieu?

M. QUINET.

« Dieu, c'est la puissance de transformation de la matière... Dieu n'est pas éternel. Souvent il arrive qu'un dieu est mort et enterré dans le ciel, et que nous l'adorons encore sur la terre (1). »

M. COUSIN.

« Dieu est tout à la fois Dieu, nature et humanité (2). »

---

(1) *Génie des religions,* page 2, — et *Ashavérus,* page 267.
(2) *Fragments de philosophie,* page 76.

M. TAINE, à *M. Cousin.*

Et vous vous obstinez à ne pas être des nôtres?

M. COUSIN.

« Vous avez beau dire : vous êtes bel et bien panthéiste (¹). »

M. ARNOULT.

Le panthéisme de M. Cousin est le frère de l'athéisme.

M. MATTER.

« La Trinité chrétienne est une sorte de polythéisme (²). »

M. COUSIN.

« Dieu, c'est le fini et l'infini et le rapport du fini à l'infini (³). »

(¹) *Études sur les philosophes modernes.*
(²) *Histoire de l'Église*, page 233.
(³) *Introduction à l'histoire de la philosophie*, page 15.

M. TAINE.

Impossible de parler un plus magnifique pathos!

M. BOUCHITTE.

« Dieu est l'être qui présente le plus de contradictions formelles et insolubles (1). »

UN JEUNE HÉGÉLIEN.

Dieu n'est pas.

LE SAUVAGE.

Blasphème!

CHŒUR DES BUVEURS.

Bravo! Enfoncé le Dieu des jésuites! (*Ils chantent.*)

(1) *Rationalisme chrétien.*

Aux buveurs à rouge trogne
Satan dit : Trinquez à grands coups :
Vous n'aimez que le bourgogne,
De champagne enivrez-vous !
   Tant que l'on pourra,
     Lalirette,
   On se damnera,
     Lalira.

M. JOURDAN.

Que devons-nous penser du Christ?

UN DISCIPLE DE KANT.

« L'incarnation du Christ est la réalisation objective de l'idéal de l'humanité (1). »

M. FERRARI.

Fiat lux! « Un Dieu infini ne peut s'incarner. » (2)

---

(1) *Théorie de Kant*, page 15.
(2) *Essai sur le principe de la philosophie de l'histoire.*

UN ASSISTANT.

Pourquoi pas, s'il est infini en puissance?

M. MICHELET.

« Le Verbe du christianisme, c'est l'épanouissement de l'unité juive fécondée du génie de la Perse et de l'Egypte grecque. » (1)

M. FERRARI.

J'aime encore mieux le pathos de M. Cousin.

UN DISCIPLE DE M. LERMINIER.

« Le Christ est né à Nazareth. » (2)

M. ROUX FERRAND.

« Le Christ naquit à Jérusalem. » (3)

---

(1) *Introduction à l'histoire universelle.*
(2) *Revue*, tome III, page 278.
(3) *Cours d'histoire*, tome XIV.

UN ENFANT.

Ah! c'te bêtise! Ils ne savent pas leur catéchisme.

UN DISCIPLE DE JOUFFROY.

« Jupiter et Jésus-Christ sont deux faces de la vérité également adorables. » (1)

LE DISCIPLE DE LERMINIER.

« Je placerais Jésus-Christ entre Brutus et César, ou à côté de Spinosa. » (2)

UN JUIF.

Spinosa! un triple renégat! un athée!

M. ARNOULT.

« Le Verbe fait chair, c'est la Révolution française. » (3).

(*Applaudissements enthousiastes.*)

---

(1) *De la Sorbonne*, page 49.
(2) *Revue*, tome VII, page 476.
(3) *Doctrine philosophique*, page 186.

UN PROTESTANT.

Jésus-Christ est Dieu.

UN AUTRE PROTESTANT.

Jésus-Christ n'est pas Dieu, ce n'était qu'un homme.

M. JOURDAN.

A merveille, libres-penseurs! Je vois avec plaisir que vous n'êtes pas près de vous entendre et que chacun de vous marche dans sa force et dans sa liberté. Après avoir si pertinemment et si diversement disserté de Dieu et du Christ, vous ne pouvez avoir relativement à la religion une moins grande variété d'opinions. Que pensez-vous de la religion, monsieur Renan, vous le coryphée du jeune Hégélianisme français, vous l'oracle et l'espérance de l'Institut et de la pensée libre?

M. RENAN.

« Au commencement, la spontanéité créa les religions, qui s'appelèrent tour à tour polythéisme, bouddhisme, monothéisme. L'aspect d'une nature riche et variée enfanta le polythéisme grec; le monothéisme naquit de la contemplation des immenses et monotones solitudes du désert. » (1)

M. QUINET.

C'est là une bien petite cause pour un aussi grand effet. Donc, vous ne voyez dans le christianisme que le produit spontané d'un instinct humanitaire?

M. RENAN.

Sans doute.

(1) *Etudes d'histoire religieuse.*

M. QUINET.

Eh! quoi! l'humanité, âgée de plus de quatre mille ans, en était encore à la spontanéité? Voilà bien les philosophes et leurs systèmes préconçus. Regardons l'histoire, qu'y voyons-nous? « Le mélange le plus confus, un chaos d'Hébreux, de Grecs, d'Egyptiens, de Romains, de grammairiens d'Alexandrie, de scribes de Jérusalem, d'Esséniens, de Saducéens, de Thérapeutes, d'adorateurs de Jéhovah, de Mithra, de Sérapis... Dirons-nous que cette vague multitude, oubliant les différences d'origine, de croyance, d'institution, s'est soudainement et spontanément réunie dans un seul esprit pour inventer le même idéal?... On avouera au moins que voilà le plus étrange miracle dont on ait jamais entendu parler. » [1]

---

[1] *Réfutation du docteur Strauss.*

M. MICHELET.

« Au Verbe social appartient l'avenir, le christianisme a fait son temps... A moitié de l'histoire romaine, je l'ai rencontré vieillissant et affaissé. » (1)

M. JOURDAN.

Hélas! voilà bien des siècles en effet que les libres-penseurs se préparent à mener le deuil du moribond! Les libres-penseurs passent, et le catholicisme s'obstine à vivre. Son agonie menace de durer longtemps encore. Mais enfin, catholicisme à part, quelle religion un libre-penseur peut-il choisir?

M. QUINET.

« Toutes les religions sont bonnes. » (2)

---

(1) *Introduction à l'histoire* et préface des *Mémoires de Luther*.
(2) *Des Jésuites*, page 132.

UN DISCIPLE DU POSITIVISME.

Toutes les religions sont mauvaises.

M. JULES SIMON.

« La religion naturelle est la seule vraie. » (¹)

UN ABONNÉ DU SIÈCLE.

Qu'importe l'autel sur lequel on sacrifie et la manière dont on adore Dieu?

UN AUTRE ABONNÉ DU SIÈCLE.

Moi j'opte pour le Bouddhisme, pour la religion des *principes éternels*.

M. MATTER.

Et moi pour le Mahométisme, « la plus pure des religions; » à moins pourtant que ce ne soit pour le Nestorianisme, « la doctrine la

---

(¹) *De la religion naturelle*.

plus juste et la mieux fondée; » ou bien encore pour le Gnosticisme, « plus riche que le Christianisme. » (¹)

M. VILLEMAIN.

De son côté, l'Arianisme est plus méthodique. » (²)

M. QUINET.

« Si à toute force, il faut une religion, l'amour en est une, à sa façon. » (³)

(*Les dames libres-penseurs de l'assistance, parmi lesquelles on remarque plusieurs notabilités du demi-monde, battent des mains avec frénésie.*)

UN DISCIPLE D'AUGUSTE COMTE.

« La religion ne sera bientôt plus bonne que pour les chiens. » (₄)

(¹) *Histoire du Gnosticisme* et *Histoire de l'Eglise*.
(²) *Nouveaux mélanges*, tome II, page 160.
(3) *Ashavérus*, page 267.
(4) *Cours d'astronomie*, page 92.

LE SAUVAGE, *agitant son tomahawk.*

Que dit-il?... Eh! quoi! est-ce là cette sagesse si vantée que je suis venu chercher de si loin? Allez, vous n'êtes que de faux sachems! Vous en savez moins long dans la science du grand Esprit que le plus ignorant des Peaux-Rouges !

M. JOURDAN.

Mon ami, ménagez vos expressions.

UN MEMBRE DE LA SOCIÉTÉ BIBLIQUE *au sauvage.*

Frère, calme-toi et prends cette bible. Toute la science du grand Esprit y est contenue.

LE SAUVAGE.

Que ferais-je de ce livre rempli de caractères mystérieux dont j'ignore le sens? Il parlerait à mes yeux un langage que mon âme ne comprendrait pas.

LE MEMBRE DE LA SOCIÉTÉ BIBLIQUE.

Qu'importe ? le grand Esprit t'éclairera.

LE SAUVAGE.

Pourquoi ne viens-tu pas toi-même nous expliquer ta doctrine, comme font les Robes noires chez nos frères les Nez-percés ?

LE MEMBRE DE LA SOCIÉTÉ BIBLIQUE.

Et que deviendraient pendant ce temps-là ma femme et mes enfants ?

LE SAUVAGE.

Les Robes noires n'ont ni enfants ni femmes. Elles vivent de la vie du sauvage, partageant ses périls, ses tristesses et ses joies. Adieu, faux sachems ! Je retourne au désert. Le désert au moins croit encore au grand Esprit et l'adore ; le désert a une religion !

(*Il sort au milieu d'exclamations de tout genre.*)

M. JOURDAN.

Je soupçonne ce prétendu Peau-Rouge de n'être qu'un jésuite déguisé.

CHŒUR DES BUVEURS.

Si, d'après ce qu'on rapporte,
On bâille au céleste lieu,
Que le diable nous emporte,
Et nous rendrons grâce à Dieu !

(*Ils trinquent et boivent. La toile tombe.*)

XXIV

Babel, ou les assises de la libre pensée.
— Deuxième tableau.

M. JOURDAN.

Libres-penseurs, dans une première séance vous avez éloquemment disserté de Dieu, du Christ et de la religion. Vous avez solennellement arboré aux yeux de l'univers le drapeau de la libre pensée et de la complète indépendance de l'esprit individuel. Vos avis sur chacune de ces questions capitales ont été aussi divergents et aussi variés que possible, depuis l'affirmation absolue jusqu'à la pure négation. *Tot doctores, quot sententiœ*, dirait le grand humaniste Jules Janin. Aujourd'hui, je l'espère, vous serez de la même force, relativement aux sujets qu'il nous reste à élucider. Libres-penseurs, que pensez-vous de l'homme?

M. FERRARI.

« Autrefois, l'homme était une bête. » (1)

UN ASSISTANT.

Parlez pour vous.

UN DISCIPLE DE LA METTRIE.

« L'homme naquit de la queue d'un poisson. » (2)

M. GUÉPIN.

« Avant d'en arriver à son état actuel, l'homme dut parcourir tous les degrés de

---

(1) *Extrait de Vico*, page 385.
(2) *Sur l'origine des animaux*. (Berlin 1750.)

l'échelle des êtres, depuis le champignon jusqu'au singe inclusivement. » (1)

M. FERRARI.

« L'intelligence se développa et l'industrie naquit dans l'instant organique, où la patte de l'animal devint la main de l'homme ; et la pensée commença sa carrière indéfinie, quand les cris inarticulés des bêtes se transformèrent dans la parole humaine. » (²)

M. MICHELET.

« Dans les âges les plus voisins de la Création, l'homme était moins séparé des bêtes... En chaque créature de Dieu, il voyait une sœur, une amante. » (₃)

---

(1) *Transformation dans le monde et dans l'humanité.* (1850.)

(2) *Extrait de Vico*, pages 385 et 442.

(³) *Origine du droit*, introduction, page 55 et suivantes.

UN DISCIPLE DU NATURALISME.

Heureux temps, où l'homme disait à l'oie « ma sœur, » à l'âne « mon frère » et à la truie « mon amante! »

M. QUINET.

« L'homme n'a pas tranquillement hérité du ver de terre par une succession légitime. Entre l'un et l'autre il y a une révolution. » ([1])

M. JOURDAN.

Que dirons-nous de l'âme?

UN DISCIPLE DE MAGENDIE.

L'âme est un effet de l'organisme.

UN DISCIPLE DE BROUSSAIS.

C'est une secrétion du cerveau.

([1]) *Génie des religions*, page 2.

M. JOURDAN.

Et la morale, qu'en dites-vous?

UN DISCIPLE D'AUGUSTE COMTE.

« Il n'y a de vraiment certain que les sciences mathématiques et physiques... Elles sont maintenant les seules bases de la morale. » (1)

UN ASSISTANT.

Deux et deux font quatre : donc, je dois aimer Dieu et mon prochain.

(*Rires et murmures.*)

UN DISCIPLE DE M. LERMINIER.

« Y a-t-il du bien? y a-t-il du mal? Qu'est-ce que le mal? Qu'est-ce que le bien? Il n'y a pas de mal. L'enfer est une chimère. » (2)

(1) *Cours d'astronomie.*
(2) *Revue*, tome VII, page 744.

M. JOURDAN.

Bien dit!

M. FERRARI.

« Une épouvantable absurdité. » (1)

M. JOURDAN.

Parbleu!

UN DISCIPLE DE BROUSSAIS.

« Je ne crois à rien et n'espère rien pour une autre vie, parce que je ne saurais me la représenter. » (2)

M. MICHELET.

Que j'aie bien ou mal fait, je rentrerai dans le grand tout.

---

(1) *Extrait de Vico,* page 385.
(2) *Profession de foi.*

M. JEAN REYNAUD.

« Et moi, j'errerai de planète en planète, d'existence en existence, jusqu'à ce que je sois purifié. » (¹)

UN CALVINISTE.

Qu'en savez-vous? L'homme n'est pas libre d'éviter le mal. Si Dieu veut que vous soyez damné, vous serez damné, quoi que vous fassiez.

UN LUTHÉRIEN.

« Le prétendu libre arbitre n'est que l'arbitre esclave. » (²)

UN RATIONALISTE.

Eh! quoi! sont-ce là les doctrines de Luther et de Calvin, de ces deux hommes que, dans

(¹) *Terre et ciel.*
(²) *De servo arbitrio.*

notre enthousiasme naïf, nous proclamions les pères de la libre pensée? Vont-ils en effet jusqu'à nier la liberté de la volonté humaine et l'efficacité de ses actes?

M. MATTER.

Laissez-là Luther et Calvin : « la raison est souveraine dans l'homme. » (¹)

M. BOUILLIER.

« La raison juge en dernier ressort. » (²)

M. GÉRUSEZ.

Mensonge! « L'évidence peut être trompeuse et la certitude erronée. » (³)

UN DISCIPLE DE BROUSSAIS.

« Je ne crois que ce que je puis me représenter. » (⁴)

(¹) *Manuel*, page 28.
(²) *Discours*, page 5.
(³) *Nouveau cours de philosophie*, page 98.
(⁴) *Profession de foi*.

UN ATHÉE.

Donc, Dieu n'est pas, car je ne puis me le représenter.

UN AVEUGLE-NÉ.

Non plus que le soleil, car je ne l'ai jamais vu.

UN PROTESTANT.

La raison est impuissante à connaître le vrai, si le Saint-Esprit ne lui envoie ses lumières; l'infaillibilité que les papistes prêtent au seul évêque de Rome, nous l'accordons à tout fidèle croyant, illuminé par le Saint-Esprit.

UN RATIONALISTE.

Et vous reprochez au catholicisme ses miracles? vous reprochez au pape son infaillibilité? Mais la vôtre, cette infaillibilité universelle, que vous vous attribuez si gratuitement, n'est-elle pas elle-même le plus prodigieux des miracles? Si le Saint-Esprit éclaire chacun de vous, pourquoi le protestantisme n'est-il qu'un amas de contradictions? Le Saint-Esprit changerait-il d'avis et dirait-il oui et non sur les nombreux points qui vous divisent? Je crains fort que votre Saint-Esprit ne soit pas celui de la Trinité chrétienne. La raison, vous dis-je, tout est là.

UN SCEPTIQUE.

Si la raison est la seule et unique autorité, pourquoi tombe-t-elle comme le protestantisme dans les plus radicales contradictions? Si c'est l'unique flambeau, pourquoi nous éclaire-t-il si mal? Allez, votre raison vaut le Saint-Esprit des protestants. Rien n'est certain. Douter de tout, même de Dieu, voilà la vraie sagesse.

M. JOURDAN.

Bravissimo !

CHŒUR DES BUVEURS.

Un jour, le bon Dieu s'éveillant
Fut pour nous assez bienveillant.
Il mit le nez à la fenêtre :
Leur planète a péri peut-être,
Dieu dit, et l'aperçoit bien loin
Qui tourne dans un petit coin.
Si je conçois comment on s'y comporte,
Je veux bien, dit-il, que le diable m'emporte !
Je veux que le diable m'emporte.

M. JOURDAN.

A toi, docte et vaillante Allemagne ! à ton tour de faire resplendir la libre pensée de tout son éclat.

PREMIER ÉTUDIANT ALLEMAND, *disciple du docteur Strauss.*

« Les religions sont subjectives ; c'est l'homme s'adorant lui-même, croyant adorer un être extérieur à lui. Le culte d'un Dieu en dehors de l'homme est hypocrisie, et Jésus n'est qu'un mythe créé par l'instinct religieux de l'humanité. Jusques à quand le genre humain se méconnaîtra-t-il lui-même, et s'obstinera-t-il à égarer sur un Dieu, sa créature, des adorations qu'il ne doit adresser qu'à lui seul ? » (1)

DEUXIÈME ÉTUDIANT ALLEMAND, *disciple de Wolkmar*.

« Strauss ne sait ce qu'il dit ; sa doctrine n'est que l'exagération des théories de Lessing, de Schleiermacher et de Hégel, autant de monomanes. Allez à Zurich, allez entendre le docteur Wolkmar, mon illustre maître. C'est lui qui a appris au monde étonné que Jésus a réellement existé. C'est encore ce grand théologien qui a découvert que l'apocalypse ne fut qu'un pamphlet dirigé contre Néron et

---

(1) Docteur Strauss, *Histoire de Jésus*.

saint Paul, et que le premier a tracé la chronologie exacte de chaque évangile. » (1)

TROISIÈME ÉTUDIANT ALLEMAND, *élève de M. Baur.*

Votre docteur Wolkmar est un ignorant, qui voit dans les épîtres de saint Paul le plus ancien document du christianisme. Le docteur Baur a prouvé que ce fut saint Pierre qui leva l'étendard du christianisme judaïsant, et que le plus ancien des évangiles est celui de saint Matthieu. Allez à Tubingue, c'est à Tubingue qu'on voit et qu'on enseigne l'histoire vraie et la théologie orthodoxe.

QUATRIÈME ÉTUDIANT ALLEMAND, *disciple du docteur Ewald.*

Non pas, s'il vous plaît, c'est à Gœttingue seulement que coulent les sources les plus pures de ces deux sciences. Strauss, Hégel,

---

(1) Volkmar, la *Religion de Jésus.*

Wolkmar, Baur ne sont que des systèmes vivants. Leur critique est une critique de tendance. Ils ne voient dans les documents sacrés que ce qu'ils désirent y voir ; ils se forment un système *a priori*, puis ils torturent la lettre de la Bible pour en faire sortir les fantômes de leur propre imagination. Un beau jour, toute l'Allemagne entendit ces prétendus Archimèdes, qui n'ont jamais rien découvert que les rêves de leur cerveau, crier *Euréka!* à tous les carrefours. Citez-moi un seul point sur lequel ils soient d'accord. O disciples de maîtres impuissants, allez acheter, en sortant d'ici, l'*Histoire du peuple d'Israël* du docteur Ewald, ou plutôt venez à Gœttingue entendre l'auteur lui-même !

CINQUIÈME ÉTUDIANT ALLEMAND, *disciple du docteur Hermann Weisse.*

« Depuis le commencement, Dieu errait sur la terre, cherchant une forme visible sous laquelle il pût s'incarner. Cette forme fut Jésus. » (¹)

SIXIÈME ÉTUDIANT ALLEMAND, *disciple du docteur Dorner*.

Erreur profonde ! « Jésus est né homme, et il est devenu Dieu. » (²)

SEPTIÈME ÉTUDIANT ALLEMAND, *disciple du docteur Gottfried Gervinus*.

Pourquoi ces vaines disputes sur des faits qui n'en valent pas la peine ? « Le christianisme est un fait secondaire dans la vie de l'humanité. Deux seuls événements priment tous les autres, la philosophie grecque et la Réforme. Deux hommes surpassent de vingt coudées tous les autres hommes, Jésus compris : Socrate et

---

(¹) Hermann Weisse, *Philosophie du Christianisme*.

(²) Jean-Auguste Dorner, *Histoire de la doctrine et de la personne du Christ, depuis les temps les plus reculés jusqu'à nos jours*. (Stuggart 1839.)

Luther. Deux pays s'élèvent au-dessus de tous les pays par la science, par la philosophie, et surtout par le beau idéal : la Grèce et l'Allemagne. En dehors de ces deux faits, de ces deux hommes, de ces deux pays, il n'y a rien ou presque rien. » (1)

HUITIÈME ÉTUDIANT ALLEMAND.

C'est fort bien dit. Pour moi, je renonce au christianisme. Marchant sur les traces glorieuses de mon illustre maître, le docteur Daumer, j'opte pour Mahomet. La ravissante Bettina d'Arnim (2), cette platonique amante du divin Goëthe, ne nous a-t-elle pas ouvert la voie dans ses entretiens avec les démons ? — *Allah Kérim !* Dieu est Dieu, et Mahomet est son prophète.

---

(1) Gervinus, *Manuel de l'histoire de la littérature poétique de l'Allemagne.* (Leipsick 1849.)

(2) *Bettina*, poème de Daumer. (Nuremberg 1837.)

UN ASSISTANT.

Juste ciel ! que la science est donc une belle chose !

UN AUTRE ASSISTANT.

Qu'on me ramène au catéchisme !

(*Murmures.*)

M. JOURDAN, *transporté d'enthousiasme.*

O glorieuse Allemagne! ô terre des libres-penseurs, ô patrie de Luther et de Jean Huss, quel beau spectacle tu donnes au monde! Rien ne t'arrête dans la course désordonnée de ton esprit investigateur. Tu scrutes tous les mystères, ou plutôt il n'y en a point pour toi. J'admire tes savants, tes philosophes, tes docteurs, tous ces titans de l'analyse et de la critique. Ils entassent des Pélions de dissertations sur des Ossas d'in-folios, et nous les voyons escalader audacieusement le ciel. Ton

Kant doute de Dieu, ton Fichte le crée, ton Strauss en fait un mythe et ton Feuerbach le nie. Chaque question enfante mille opinions contradictoires. Anarchie! vont dire les ultramontains et les obscurantistes. Doubles aveugles, qui ne voient pas que cette anarchie même est la liberté de penser!

M. RENAN.

Sans doute l'Allemagne donne au monde un magnifique spectacle. Cependant, depuis quelque temps, elle me semble rétrograder. Si elle n'y prend garde, elle retombera en plein christianisme. Déjà plusieurs croient à la divinité du Christ, et ne sont en désaccord que sur l'explication qu'ils en donnent. D'autres, ainsi que vous venez de l'entendre, se jettent dans le mahométisme pour échapper au christianisme. Or, le mahométisme est encore une religion, si peu qu'elle le soit. L'Allemagne des jeunes Hégéliens, des Feuerbach et des

Stirner, oublierait-elle que l'ère des religions est passée et que l'heure de l'analyse et de la critique a sonné?... « Or, la critique ne connaît pas le respect. Elle juge les dieux et les hommes ; c'est la seule autorité sans contrôle... Les temples du Jésus réel s'écrouleront; les tabernacles où l'on croit tenir sa chair et son sang seront brisés. Déjà le toit est percé à jour, et l'eau du ciel vient mouiller la face du croyant agenouillé... Il n'y a pas de surnaturel. Depuis qu'il y a de l'être, tout ce qui s'est passé dans le monde des phénomènes a été le développement des lois de l'être. » (1)

UN PUSÉYSTE.

Fort bien, Maître ; mais pouvez-vous nous affirmer que vous connaissez toutes ces lois ? Savez-vous ce que c'est que l'espace et le temps, deux mystères au sein desquels nous

---

(1) *Etudes d'histoire religieuse.*

nous mouvons? Vous qui niez si délibérément l'élément surnaturel, pourriez-vous nous expliquer une foule de phénomènes purement naturels, dont votre toute-puissante raison ne soupçonnera même jamais l'existence? Affirmer que le surnaturel n'est pas, c'est prudent à vous : nier sera toujours plus facile qu'expliquer.

M. RENAN.

Aussi « l'essentiel n'est-il pas de tout expliquer, mais de bien se convaincre qu'avec plus de renseignements tout serait explicable. » (¹)

LE PUSÉYSTE.

Voilà donc le dernier mot de la critique, l'aveu de son impuissance : « Je ne puis tout expliquer, parce que je ne sais pas tout. Si je savais tout, j'expliquerais tout. » Charmante

---

(1) *Etudes d'histoire religieuse.*

naïveté! Je ne m'attendais pas à trouver dans le champion de la souveraineté de la raison, un rival de M. de la Palisse.

(*Violents murmures.*)

M. JOURDAN, *au puséyste.*

Soyez parlementaire.

LE PUSÉYSTE.

Hélas! quoi que vous fassiez, et en dépit des *immortelles découvertes* de la critique, même de la critique allemande, nous continuerons à vivre au sein de mystères inexplicables, depuis le Dieu que vous niez jusqu'au grain de sable que vous foulez aux pieds.

M. RENAN.

Qui êtes-vous donc, vous qui osez vous attaquer à un lauréat et à un membre de l'Institut? Savez-vous l'hébreu?

LE PUSÉYSTE.

Non.

M. RENAN.

Vous savez au moins l'allemand?

LE PUSÉYSTE.

Pas davantage.

M. RENAN.

Qu'est-ce à dire, vous ne savez ni l'hébreu, ni l'allemand, et vous osez discuter avec moi exégèse et théologie? Allez, vous n'êtes qu'un ignare! Pourquoi Bossuet n'a-t-il jamais vu en théologie et en histoire plus loin que le bout de son nez? « parce qu'il ne savait pas l'hébreu. » [1] Pourquoi Lamennais n'a-t-il été

---

[1] *Etudes d'histoire religieuse.*

qu'un piètre philosophe? « parce qu'il ne savait pas l'allemand. » (¹) L'hébreu et l'allemand, l'allemand et l'hébreu, tout est là. Quand vous les saurez, je vous permettrai peut-être de lire mes ouvrages.

LE PUSÉYSTE.

Je sais quelque chose de supérieur à l'allemand et à l'hébreu, c'est le sens commun. J'assiste à un spectacle étrange et qui m'éclaire. Il me semble que je suis à Babel et que je vois les hommes parler cent langues diverses, à l'aide desquelles ils essaient en vain de s'entendre. Votre liberté de penser n'est que l'anarchie de la pensée.

VOIX NOMBREUSES.

A l'ordre!

(¹) Article sur Lamennais. — *Revue des Deux-Mondes.*

LE PUSÉYSTE.

L'anarchie, cette chose si funeste et si hideuse dans le régime social, est-elle acceptable dans le régime intellectuel? Que deviendra la société, si les contradictions qui divisent nos idées existent dans nos actes? Son glas sonnera bientôt. Dès que l'homme n'a pas le droit de tout faire, il n'a pas le droit de tout penser, car la pensée est elle-même une action, la plus sublime de toutes les actions. Soutiendrez-vous que l'homme ne soit un être social que par le corps, par la partie la plus grossière de lui-même? Son âme, libre de tout lien, a-t-elle été destinée à errer solitaire et sans guide, au gré de ses caprices et·de ses rêves, sans communion d'idées avec les autres âmes ses sœurs, sans intelligence supérieure et régulatrice? Si l'homme social a des droits, il a des devoirs aussi qui les contrebalancent. L'homme intellectuel n'aurait-il que des droits, sans devoirs corrélatifs? la liberté, limitée là, serait-elle ici sans bornes? Et où trouver cette autorité dirigeant la pensée et gouvernant la société des âmes? Dans la philosophie? dans laquelle? Il y en a des milliers. Toutes se contredisent. Dans le protestantisme? Hélas! j'en ai fait l'expérience, l'anarchie règne là aussi en maîtresse absolue et la Réforme tombe en poussière. Un des plus célèbres pasteurs contemporains, M. Vinet, de Genève, n'a-t-il pas prononcé cette parole, ou plutôt cette sentence de mort: « Il n'y a plus de protestantisme, il n'y a plus que des protestants? » Or, on trouve, en ce monde, un roc immuable, contre lequel plus d'un navigateur imprudent est venu se briser, et sur lequel, en revanche, plus d'un naufragé a rencontré le salut. Depuis dix-neuf siècles bientôt, la libre pensée, pour le battre en brèche, use tous ses systèmes contradictoires. Vagues impuissantes! Le roc reste immobile. Naufragé de la libre pensée, je viens y aborder à mon tour. Il y a une heure, j'étais protestant : je ne le suis plus, grâce à tout ce que je viens d'entendre, et je me déclare solennellement CATHOLIQUE.

(*M. Jourdan bondit sur son fauteuil.*)

TOUS.

A la porte!

LA RÉDACTION DU SIÈCLE.

Qu'on expulse le jésuite!

CHŒUR DES BUVEURS

Hommes noirs, d'où sortez-vous?
Vous sortez de dessous terre!

(*On jette le puséyste hors de la salle, au milieu d'un ouragan de sifflets.*)

UN BELGE.

Citoyen président, je demande la parole.

M. JOURDAN.

Est-ce contre les jésuites?

LE BELGE.

Contre eux-mêmes.

TOUS.

Parlez!

LE BELGE.

Je propose à nos frères les libres-penseurs, ici présents, de déclarer par un vote unanime qu'ils sont affiliés, dès ce jour, à la société que nous appelons à Bruxelles la *Société des Solidaires*. Tous les membres s'engagent à mourir sans le secours de l'Eglise, de ses sacrements et de ses prêtres. (¹)

(¹) Ceci est un fait que nous garantissons historique. On croit que cette organisation date de la mort chrétienne de Béranger et de la rage que cette mort causa aux impies. Depuis longtemps le vieux poète avait reconnu ses torts. Il disait à ses derniers jours :

« — Que voulez-vous? la Révolution de 93 avait supprimé l'enseignement évangélique, et nous avons été l'écho malheureux d'un siècle sans croyances. Quand les pères se prosternaient devant la déesse Raison, les fils devaient, plus tard, se moquer des prêtres. Si j'étais coupable, je ne le savais

LES RÉDACTEURS DU SIÈCLE, *levant la main avec enthousiasme.*

Accepté! nous en sommes!

(*M. Jourdan s'évanouit de satisfaction.*)

CHŒUR DES BUVEURS.

Tant que l'on pourra
Lalirette,
On se damnera,
Lalira!

(*Toute l'assemblée, hommes et femmes, répète le refrain satanique. — La toile tombe.*)

pas, et, quand le jour s'est fait dans mes ténèbres, JE N'AI PLUS CHANTÉ. »

En effet, depuis 1830, il s'était renfermé dans un complet silence. Le curé de Sainte-Elisabeth l'assista dans sa dernière maladie.

Furieux de voir la religion triompher toujours, à l'heure suprême, et leur enlever les coryphées les plus illustres de la bande, les libres-penseurs ont créé à Bruxelles la *Société des Solidaires*, et s'engagent par serment à mourir dans l'impénitence finale. Quand un membre de cette société tombe malade, ses confrères arrivent, entourent le chevet du moribond, et s'arrangent pour que l'âme de celui-ci devienne à coup sûr la proie de Satan.

CONCLUSION

Nous sommes arrivés, il faut bien le reconnaître, à une de ces époques fatales, comme on en trouve dans l'histoire de tous les peuples, à mesure qu'ils arrivent au sommet de ce qu'on appelle la civilisation, — heures néfastes où, sous prétexte de *progrès* et de *liberté*, tous les mauvais instincts prennent leur essor, où la foi succombe, où l'intelligence s'obscurcit, où le flambeau de la morale lui-même semble prêt à s'éteindre dans le bourbier du matérialisme.

Chez toutes les nations ces affligeants symptômes ont été les avant-coureurs de la décadence et de la ruine, quand une réaction soudaine n'est point venue donner aux idées un autre cours, aux intelligences une autre direction.

Nous appelons de tous nos vœux cette réaction salutaire.

Seule elle peut empêcher la dislocation de l'édifice que dix-neuf siècles ont eu tant de peine à élever; seule elle peut nous retenir encore sur la pente vertigineuse qui tôt ou tard doit nous conduire fatalement à l'abîme.

Et qu'on ne dise pas que nous venons ici, alarmistes intéressés, mettre en branle un inutile tocsin.

Vous avez vu Voltaire et ses successeurs accomplir leur œuvre sacrilége.

Toutes les saintes croyances sont jetées à la borne du mépris; toutes les aspirations nobles se compriment au souffle du ridicule.

Les notions les plus simples du juste et de l'injuste, du bien et du mal, s'effacent de plus en plus chaque jour ; les consciences sont étouffées ou perverties ; l'indifférence la plus coupable remplace les sentiments honnêtes ; le crime ne soulève aucune indignation, les actes de vertu ne trouvent plus d'éloge. Nous regardons tout d'un œil impassible, rien ne nous émeut.

Un voleur ne nous semble méprisable que du jour où il s'est adressé à notre bien.

Depuis que le temps compte comme une monnaie, — *times is money*, — et depuis que cette monnaie, de par les lois sordides du matérialisme, est devenue le but unique de l'existence, nous n'avons plus le loisir de la moindre réflexion, du moindre retour sur nous-mêmes.

Lancés à toute vapeur sur cet infernal railway, qu'on nomme le progrès, et qui n'est en réalité que le steeple-chase du million, nous allons sans nous inquiéter de ce qui nous environne et de ce qui nous suit ; la rapidité haletante de la course ne nous permet pas de rien distinguer, de rien voir.

Si l'on s'arrête un instant, c'est pour satisfaire bien vite, à tout prix, quelque désir grossier, quelque appétit ignoble.

Il faut se hâter : la locomotive de la fortune siffle, le train part, et chacun se précipite, la tête baissée, les poings en avant, jouant des coudes dans la mêlée, écrasant ceux qui tombent, — *Væ victis!*

C'est la grande devise du siècle.

Les passions honteuses nous paraissent naturelles et nous les avouons hautement.

Qui n'a pas un vice à nourrir?

Il n'y a plus de place dans le cœur pour le bien, ou plutôt il n'y a plus de cœur. L'égoïsme imprudent, l'égoïsme abject est à l'ordre du jour ; l'intérêt, seule religion du moment, réunit parfois certains hommes ; mais ce même intérêt les divise lorsque vient à sonner l'heure du partage.

En fait d'amitiés, le dix-neuvième siècle ne reconnaît que les *raisons sociales*.

Les liens de la famille eux-mêmes sont brisés ; le mariage est une affaire d'addition, le respect filial une somme d'espérances ; le culte de la matière remplace tous les autres cultes.

Où sont les images bénies du foyer, devant lesquelles nos pères s'agenouillaient le soir ? Où est le crucifix ? où est la Vierge protectrice, que la mère chrétienne montrait à son enfant, quand elle lui enseignait la crainte de Dieu et le premier mot de la prière ?

Vous les avez chassés de vos maisons comme de vains simulacres.

Ceux qui croient encore n'osent plus afficher leur croyance. La lâcheté du respect humain rougit de la croix et la remplace par un objet de luxe.

Si le catholicisme est toujours la religion de l'État, Mammon est le véritable Dieu de la foule.

L'or, voilà la seule noblesse; la pauvreté, voilà la seule infamie.

Chapeau bas devant le blason doré du vice!

Aujourd'hui, les guenilles de la vertu ne tentent plus personne.

Nous avons dit où en était la littérature, ce thermomètre infaillible des mœurs d'une nation. Les écrivains flattent les habitudes immondes et les goûts dépravés du public.

Au théâtre, les décors remplacent la pensée absente.

L'*ut* d'un chanteur suffit pour enlever une salle aux étoiles; les jambes des danseuses font le style, et le décolleté des mots peut seul rivaliser avec le décolleté de la scène.

Tous les vrais philosophes, tous les grands moralisateurs des peuples ont jeté le manche après la cognée. Les uns glorifient hautement la matière, remplacent Dieu par les cinq sens et se taillent des statues dans le bloc de la bêtise universelle et de la démoralisation publique;

les autres analysent tous les pots de rouge ou de blanc du siècle passé et secouent à nos yeux les chiffons musqués des dames galantes d'un autre âge.

Nous n'avons plus ni sentiments, ni aspirations; nous avons des besoins, des instincts, des désirs.

La matière a tout envahi; le bifteck, voilà le cri de ralliement.

Si jamais on symbolise notre ère, il faudra peindre un financier repu, dormant près d'une courtisane.

Et chaque jour cette gangrène qui nous ronge fait de nouveaux progrès; chaque jour elle traverse une couche nouvelle, envahit un membre sain; elle monte, elle monte, elle gagne le cœur.

> Dors-tu content, Voltaire, et ton hideux sourire
> Voltige-t-il encor sur tes os décharnés?
> Ton siècle était, dit-on, trop jeune pour te lire,
> Le nôtre doit te plaire, et tes hommes sont nés!

C'est Alfred de Musset qui jette cette ironie suprême au vieux loup de l'Encyclopédie et à ses disciples.

N'oublions pas ces autres paroles significatives, échappées aux remords du même poète, dans ses *Confessions d'un enfant du siècle :*

« Empoisonné, dès l'adolescence, par les écrits encyclopédistes, j'y avais sucé de bonne heure le lait stérile de l'impiété. L'orgueil humain, ce dieu de la folie et de l'égoïsme, fermait ma bouche à la prière. Quels misérables sont les hommes qui ont jamais fait une raillerie de ce qui peut sauver un être ! Je suis né dans un siècle impie et j'ai beaucoup à expier. Pardonne, ô Christ, à ceux qui blasphèment ! »

FIN.

APPENDICE

Ce livre était imprimé, lorsque certains articles du *Siècle* et de la *Revue des Deux-Mondes*, remplis d'éloges, non-seulement pour l'auteur de la VIE DE JÉSUS, mais encore pour l'anonyme ignoble qui a publié les trois volumes du MAUDIT, sont venus me donner le regret d'avoir glissé trop légèrement peut-être sur la réfutation de cette double monstruosité littéraire de notre époque.

Par bonheur, deux vaillants champions sont entrés dans la lice et ont « combattu le bon combat » beaucoup mieux que je n'aurais pu le faire.

Je m'empresse de citer d'abord l'article qui a paru dans la *Revue du Monde catholique* (¹) et de le signaler aux lecteurs qui auraient pu se laisser surprendre par les indignes louanges accordées à l'œuvre du MAUDIT (²).

Décidément il paraît que c'est bien un prêtre qui en est l'auteur, mais un prêtre interdit depuis longtemps déjà pour cause de dépravation et de mauvaises mœurs. Chassé du diocèse de ***, il vint à Paris cacher son opprobre et se livrer à toutes les turpitudes de la passion.

Pour vivre, il s'empressa d'offrir sa plume aux journaux impies.

« Une vaste impudence, dit M. Henri Las-

(¹) Tome VIII, *soixante-septième livraison*, — 10 JANVIER 1864.

(²) Voir dans la *Revue des Deux-Mondes* le bulletin bibliographique de la première quinzaine de janvier et tous les articles impudents qui ont traité la matière dans le *Siècle* et dans l'*Opinion nationale*.

serre, auteur de l'article, lui tenait lieu de savoir. S'il était absolument étranger aux notions les plus élémentaires des sciences ecclésiastiques, il se rappelait encore assez bien les noms, si souvent cités dans les séminaires, des Suarez, des Bellarmin, des Cornélius à Lépide; il mettait sur le compte de ces graves personnages des hérésies énormes, avec l'indication précise du volume et de la page, sachant bien que les lecteurs des journaux où il répandait sa prose n'étaient pas assez *arriérés* pour connaître de si vieux auteurs, ni assez méchants pour vérifier les textes. » (¹)

Ce noble collaborateur de la presse antichrétienne ne signait jamais ses articles.

On les faisait paraître sous une rubrique alléchante, avec un en-tête hypocrite et menteur, comme nos aimables journalistes voltairiens savent les rédiger.

(¹) Page 177.

Exemple :

« *Un des membres les plus* ÉMINENTS *du clergé de France, un de ces ecclésiastiques* INTELLIGENTS, *qui veulent réconcilier l'Eglise avec la société moderne, un de ces* PRÊTRES VÉNÉRABLES *qui* HONORENT *leurs fonctions beaucoup plus qu'ils ne sont honorés par elles, nous adresse la lettre suivante que nous insérons avec un* PIEUX RESPECT. » ([1])

Honnêtes gens !

Voilà comme ils osent parler d'un prêtre interdit pour ses débauches et ses scandales.

« Au fond, continue M. Henri Lasserre, cet apostat croyait encore à Dieu, à Jésus-Christ, à la Vierge sainte, à l'Eglise et aux sacrements.... et l'atroce peur qu'il avait de l'enfer lui arrachait d'étranges prières.

» Lorsque, assis à sa table de travail, il se préparait à s'unir aux athées et aux impies

---

([1]) Page 178.

pour insulter à tout ce qu'il y a de sacré en ce monde,... il lui semblait voir la face adorable du Sauveur des hommes le regarder, lui, le prêtre catholique, comme autrefois elle regarda Judas, et lui dire les douces et terribles paroles : *Amice ad quid venisti?*

» Alors il avait peur; mais il n'était point touché. Il ne songeait pas à revenir au bien; il se demandait comment il pourrait éviter le châtiment.

» — O mon Dieu ! s'écriait-il, puisque vous êtes si bon, permettez que je vous outrage, que je vous renie, que je couvre votre visage de boue et de crachats !... J'ai promis d'écrire, on attend mon travail. Pardonnez-moi donc de faire mon métier; il faut bien que je vive de façon à satisfaire les vices dont je suis, malgré ma volonté, le gémissant captif. Mais vous lisez dans mon âme et vous voyez bien que je ne pense point ce que j'écris. Ne le prenez donc pas au sérieux, divin Sauveur, ne me précipitez pas dans l'enfer ! Et puis, ô mon Dieu, je me repentirai au moment de la mort ! » (¹)

Il jouait avec les ecclésiastiques, ses confrères, un rôle d'hypocrisie abominable, protestant sans cesse de la pureté de ses mœurs et jurant que la seule cause des rigueurs épiscopales à son égard était une brochure qu'il avait écrite et qui avait paru suspecte d'hérésie. De cette façon il arrivait à toucher quelques bonnes âmes et à leur escroquer des aumônes, qu'il ajoutait aux produits de sa plume pour donner à ses vices plus large pâture.

Le saint prélat qui avait interdit ce malheureux ne le perdait pas de vue.

Apprenant qu'il était attaqué d'une fièvre dangereuse, il envoya bien vite à son secours. On installa le malade dans une des premières maisons de santé de la capitale, où il trouva la

---

(¹) Pages 178 et 179.

guérison. Quand il en sortit, le médecin du lieu lui donna *cinq cents francs* au nom d'un bienfaiteur qui voulait rester inconnu.

Mais si la main généreuse tenait à ne pas se montrer, celui auquel elle venait en aide devinait parfaitement de quelle source lui arrivait le secours. Les premières démarches de l'ingrat furent consacrées à rendre visite aux journalistes qui achetaient son apostasie.

Nous citons de nouveau M. Henri Lasserre.

« Le cardinal-archevêque de *** ne désespérait pas de l'amendement de ce misérable prêtre. Il avait souvent médité cette touchante histoire de l'apôtre saint Jean, allant chercher jusque dans un repaire de brigands son ancien disciple, qui s'était fait chef de voleurs, et le ramenant avec lui, repentant et à jamais converti.

» Un soir du mois de juillet dernier, un ecclésiastique à cheveux blancs suivait lentement la rue M... Il suffisait de le regarder un instant pour voir sur son visage le reflet de toutes les grandeurs chrétiennes... La flamme de la lampe, rend lumineux le vase d'albâtre qui la contient, et la transfiguration des saints commence ici-bas.

» Ce vieillard qui cheminait ainsi était l'une des gloires de notre siècle et l'un des plus illustres princes de l'Eglise.

» Arrivé à l'une des portes de la rue M..., il frappa.

» — M. l'abbé *** ? demanda-t-il.

» — Au quatrième, la porte à gauche, répondit le concierge.

» Quand le traître vit entrer dans son cabinet le vénérable prélat, il recouvrit brusquement de quelques in-octavos les pages qu'il était en train d'écrire et se prosterna obséquieusement devant lui.

» — Relevez-vous, mon enfant, lui dit le saint vieillard, en l'attirant à lui et en le pressant affectueusement sur son cœur.

» Il y eut un moment de silence. Le bon archevêque était un peu oppressé par son émotion.

» — Oui, relevez-vous, reprit-il; c'est pour vous dire cette parole que je suis venu ici. Relevez-vous, ô mon pauvre enfant tombé! relevez-vous vers le bien, vers la vérité, vers la justice, vers la belle et heureuse vie chrétienne. Il y a plus de joie au ciel pour un pécheur qui fait pénitence que pour cent justes qui persévèrent; et il en sera de même, si vous le voulez, dans le cœur de votre vieux père. Car je ne suis plus le juge qui a dû frapper. Je suis le père dont les entrailles s'émeuvent, le père, qui a bien dû venir chercher le prodigue, puisque celui-ci ne reprenait pas de lui-même le chemin de la maison paternelle. Ah! que je puisse dire, moi aussi : « Mon fils était perdu, et je l'ai retrouvé; il était mort, et le voilà ressuscité! » La justice de Dieu ne demande qu'à tout pardonner et à tout oublier. O mon fils, donnez cette grande joie à votre Père qui est aux cieux, et à votre père qui est sur la terre et qui vous parle en ce moment ! » (¹)

Une scène indescriptible se passa entre ces deux hommes.

Le coupable, abîmé de remords, eut des élans de repentir, presque aussitôt réprimés par ses instincts pervers. La lutte fut longue, mais Satan l'emporta.

« — J'ai d'invincibles liens qui me retiennent ! s'écria l'abbé ***.

» — Lesquels ? dit l'archevêque.

» — Des dettes... des dettes que je ne puis payer.

» — Est-ce le seul empêchement ?

» — Oui, Eminence.

» Le prélat jeta sur l'abbé *** un de ces regards clairs et profonds comme en ont quelquefois les saints : le misérable baissa les yeux.

(¹) Pages **182** et suivantes.

» — Allons, se dit à lui-même l'homme de Dieu, il faut faire encore un effort. Combien devez-vous? reprit-il à haute voix.

» — Quatre mille francs, répondit sourdement l'abbé ***.

» L'archevêque se pencha vers le bureau qui se trouvait à côté de lui, et, prenant une feuille de papier, il écrivit quelques lignes qu'il remit à son ancien prêtre.

» — Voici cette somme, lui dit-il. Elle vous sera payée demain à présentation par MM. de Dreuze et de Marson, banquiers. Vous voilà libre et vous pouvez quitter Paris. Cette somme, mon cher fils, était mise par moi en réserve pour soulager une famille dans de grandes angoisses, une famille qui me touche de près par les liens du sang et plus encore par les liens du cœur. Je change la destination de cet argent : je le reprends, pour ainsi dire, à ces êtres qui souffrent et qui me sont chers, et je fais ce saignant sacrifice pour faciliter le salut de votre âme, et vous délivrer de ces liens qui, me dites-vous, pourraient vous retenir encore. Adieu, mon enfant, je vous laisse seul avec vous-même et avec Dieu. Je prierai instamment pour vous Notre-Seigneur, afin qu'il vous donne le courage et la force, et demain à midi je reviendrai vous voir. A demain donc, mon fils, et priez pour moi. » (1)

Le saint prélat revint, en effet, dans la matinée du lendemain; mais il ne trouva plus le prêtre.

Celui-ci avait, soi-disant, quitté son domicile, et le concierge avait ordre de répondre à l'archevêque que l'abbé *** était parti en voyage, sans laisser aucune adresse. «Le prélat, continue la *Revue du monde catholique*, supposa une partie de la vérité et pensa que le malheureux, n'ayant pas eu la force de se convertir, n'osait plus affronter son regard.

---

(1) Page 184.

» — Il a eu honte de lui-même, se dit le saint vieillard, et il aura sans doute renvoyé à mon hôtel ce mandat qui était destiné à lui rendre doux et facile le chemin du retour.

» Comme il se trouvait tout près de la maison de banque de MM. de Dreuze et de Marson, il y entra un instant pour une affaire de charité, car ces messieurs, admirables chrétiens eux-mêmes, avaient ouvert au vénérable archevêque un compte courant pour toutes les œuvres considérables dont il s'occupait.

» — Eminence, lui dit le caissier, nous avons reçu ce matin un autographe de votre Grandeur, un mandat de quatre mille francs.

» L'abbé *** s'était présenté à l'ouverture des bureaux et avait emporté la somme. » (1)

Ici, nous renvoyons le lecteur à l'article même, — article historique s'il en fût, —

---

(1) Page 191.

pour lui apprendre à admirer la providence, qui, venant au secours du prélat désolé d'avoir inutilement sacrifié le budget de ses pauvres, lui rendit sur l'heure une somme égale à celle qu'il regrettait d'avoir si mal employée.

Pendant ce temps-là, que devenait le prêtre infâme?...

Il n'était pas parti, comme on s'en doute bien, et la consigne n'avait été donnée à sa porte que pour l'archevêque seul...

Pendant ce temps-là, il signait un traité avec un éditeur juif, par lequel il s'engageait à écrire le MAUDIT, à attaquer le saint-père, l'épiscopat, les ordres religieux et à couvrir de sa bave sacrilége nos institutions chrétiennes les plus saintes.

En lisant cette autre scène, en assistant à ce marché infernal, vous sentirez tous les frissons du dégoût et de l'épouvante assaillir votre âme.

« Quatre mois après, ajoute M. Henri

Lasserre, un enfant rose et frais, de quatorze à quinze ans environ, portant sur son visage vif et pur le double et charmant reflet de l'esprit et de l'innocence, grimpait en courant l'escalier du prêtre. Coiffé d'un casque en papier, comme c'est la coutume dans les imprimeries, il venait remettre à l'auteur les dernières épreuves du livre immonde. — Message d'enfer porté par un ange. — Chemin faisant, le petit curieux en avait lu une ou deux pages et sa jeune âme s'était soulevée. « — Il y a dans le monde de grands scélérats! » s'était dit cet enfant en refermant les feuilles avec dégoût.

» L'abbé vint lui-même ouvrir et lui prit brusquement les épreuves des mains.

» — Attends, petit, lui dit-il, je vais les revoir et te les rendre.

» L'enfant s'assit et regarda l'homme et la chambre avec une profonde attention. Plusieurs fois, tandis que l'auteur corrigeait hâtivement les épreuves, il ouvrit la bouche pour lui parler; mais une sorte de timidité le retenait toujours. Enfin il s'enhardit.

» — Est-ce vous, monsieur le curé, qui devez répondre à ce livre? dit-il.

» Ce mot de *monsieur le curé* tombant au milieu de son coupable labeur fit tressaillir l'apostat.

» — Qui es-tu, mauvais drôle? demanda-t-il tout hagard.

» — Je suis votre ancien paroissien, monsieur le curé, répondit l'enfant. Vous m'avez appris le catéchisme. Je me suis confessé à vous, et vous m'avez fait faire ma première communion... Ah! je songe souvent à cette grande fête dans cette chère église de village où nous étions alors, et j'en pleure rien que d'y penser au milieu de cet affreux Paris, où la pauvreté m'a conduit, mais où le bon Dieu me protége. N'est-ce pas, monsieur le curé, que vous allez combattre ces vilaines choses que vous tenez là en épreuves, et qu'on vous les communique pour cela?

» L'abbé *** était devenu rouge devant ce clair regard d'enfant. Il s'agitait et balbutiait:

» — Oui, je dois réfuter... je verrai... peut-être...

» Il tremblait devant ce pauvre petit qui représentait la mission sainte du passé et qui avait lui-même la splendeur de l'innocence; il tremblait comme un coupable pourrait frissonner devant l'ange exterminateur... Il fit un suprême effort pour rompre cet horrible charme, se dressa sur ses pieds, regarda l'enfant et dit:

» — Il n'y a pas de Christ, il n'y a pas de Vierge, il n'y a pas de Dieu, il n'y a pas de vertu, il n'y a pas de paradis, il n'y a pas d'enfer!...

» Puis, après un moment de silence farouche, il s'écria:

» — Ah! je suis damné!

» Le pauvre enfant s'enfuit d'épouvante.

» Enfin le roman de l'abbé *** parut. Cet homme qui avait toutes les lâchetés se montra vil jusqu'au bout, et n'eut pas plus de courage que le calomniateur qui écrit clandestinement quelque lettre abominable sans la faire suivre de sa signature; pas plus de courage que le traître recouvert d'un masque, qui donne par derrière un coup de poignard et qui soudain disparaît dans l'ombre. Il n'osa pas signer son œuvre et le livre parut avec l'infamie de l'anonyme. Si l'abbé *** dissimula ainsi aux yeux de quelques-uns les syllabes qui forment son nom, il fit voir du même coup, dès la couverture du livre, toute la bassesse de son âme, et pressentir que l'ouvrage entier n'était qu'une ignominie... J'en pourrais, si je le voulais, ajouter bien plus long. Quand on attaque la religion par un ROMAN, n'est-il pas permis de la défendre par une HISTOIRE? (¹) »

(¹) Pages 102 et suivantes.

Cet article de M. Henri Lasserre restera sur le front du prêtre impur comme un ineffaçable stigmate.

Je parlais de deux ouvrages au commencement de cet appendice, et je signalais un deuxième écrivain dont le livre est arrivé, au bout de quelques mois, à sa sixième édition. Ce livre a pour titre : *Lettres sur la* VIE D'UN NOMMÉ JÉSUS, *selon M. Renan, membre de l'Institut, par* JEAN LOYSEAU, *cordonnier*. (1)

Voici comment une préface explique ce titre, qui tout d'abord avait donné l'alarme à quelques susceptibilités respectables :

« S'il est blessant pour un vrai chrétien de voir le nom divin de Jésus-Christ figurer à une place immonde, ce sentiment doit naître à coup sûr dans l'âme de quiconque le lit en tête du livre inqualifiable auquel Jean Loyseau a répondu. Tous les sentiments filiaux de ce der-

---

(1) Charles Blériot, éditeur, quai des Grands-Augustins, 55.

nier se sont révoltés à cette vue, et c'est par un motif de pudeur outragée qu'il n'a pas voulu admettre, même par hypothèse, que celui dont parlait son adversaire fût le Jésus que l'Eglise adorait. De là les expressions : *un nommé* placées par lui en tête de sa réponse. Cette addition au titre de l'ouvrage est donc pleinement justifiée par le motif de haute délicatesse chrétienne qui l'a dictée, et surabondamment expliquée, du reste, par notre auteur, répétant à M. Renan, en vingt endroits de son livre : « Notre Jésus n'est pas le vôtre, et votre Jésus n'est pas le mien. » (¹)

Depuis les réponses de l'abbé Guénée à M. de Voltaire, on n'a rien lu de plus vif, de plus piquant, de plus logique et de plus spirituel à la fois que ce charmant volume.

C'est une moquerie perpétuelle, et qui, pour être fine et délicate, n'en est que plus écrasante.

(¹) Préface, page 6.

Ici les citations sont impossibles, il faudrait donner tout le volume. Bornons-nous à quelques pages de la préface.

« On condamne justement l'homme qui s'approprie injustement le bien d'autrui : on l'appelle malfaiteur, on le met au bagne et on fait bien. Il est flétri, déshonoré dans l'opinion publique ; ses enfants eux-mêmes, héritent de sa honte en héritant de son nom ; et il y a en cela une sorte de justice, car du moins cette appréciation sévère est la manifestation d'un sentiment vrai, savoir, que le vol est le plus avilissant des crimes, et que la propriété est une chose sacrée.

» Et vous, larrons de la pire espèce, vous venez, avec escalade et effraction, brisant l'enceinte sacrée et franchissant les murs du temple qui vous protége, vous venez, la main armée de calomnies et de mensonges, au sein de la nuit qu'enfantèrent vos systèmes, dans la société d'autres malfaiteurs plus ou moins lettrés, vous venez surprendre le pauvre dans sa demeure, et lui dérober son unique trésor; et on vous laisse circuler librement dans les rues et les places de nos cités? Allez, vous n'êtes pas même dignes de porter la chaîne et de traîner le boulet du forçat!

» Si Jésus-Christ n'est pas Dieu, c'est qu'il n'existe aucun Dieu, au ciel ni sur la terre! Si je ne dois plus croire à sa divinité, je ne vois en lui que le plus vil des imposteurs.

» Et alors que reste-t-il debout en ce monde, si j'ai été trompé par un tel homme?

» Supprimez la notion de Dieu, et je vous porte le défi de démontrer que la chasteté est préférable à l'adultère, la justice au larcin, l'amour à la haine, et que le docteur ès-sciences est supérieur à son chien.

» Vous n'êtes pas de taille à rédiger un code qui, en vingt pages, satisfasse aux exigences de tous les temps, aux besoins de tous les peuples, aux aspirations de tous les cœurs. Jésus a fait mieux encore et plus que cela : il a conquis tout le monde et illuminé tous les siècles par sa parole divinement féconde, et n'a pourtant rien écrit. Faites-en autant que lui avant de supprimer sa doctrine !

» Si Jésus est le patrimoine de tous, il appartient principalement aux faibles, aux pauvres, aux petits dont il est la seule richesse et l'unique bien.

» Ah ! vous opposez votre Révolution à l'Eglise, et vos progrès au principe chrétien ! Je voudrais bien savoir vraiment ce qu'elle a produit, cette rare merveille, dont nous ayons le droit de nous montrer si fiers. Je vois, grâce à vos leçons, toute autorité méconnue, tout principe mis en question, toute puissance ébranlée : le passé rougi de sang humain, le présent transformé en tripot, l'avenir sombre, le commerce dépravé, les arts en décadence et la littérature tombée dans le feuilleton ; des dettes partout, trois millions de baïonnettes nécessaires au maintien de la paix européenne, le vol érigé en dogme, la seule légitimité reconnue, devenue celle des faits accomplis; un faible et saint vieillard persécuté pour le seul motif qu'il défend la cause de l'équité et du droit, et une nation prétendue civilisée lui préparant le martyre, tandis que les autres se disposent à maintenir l'ordre... sur la place de l'exécution, en y assistant, l'arme au bras.

» La calomnie et l'impiété, vomies quotidiennement à deux cent mille exemplaires par des feuilles périodiques que nul pouvoir ne réprime, l'athéisme prêché dans les chaires publiques aux frais de l'Etat, le peuple invité à retourner au culte des idoles, les hautes classes englouties dans la Banque et la Bourse, les classes infimes nourries par le *Siècle* et l'*Opinion,* les impôts augmentant d'heure en heure, l'homme transformé de plus en plus en machine, les liens de la famille se relâchant de jour en jour, des unions illégitimes sans nombre, la capitale fournissant annuellement une armée de bâtards, l'adultère préconisé, la société humaine tombant en poussière, voilà, avec bien d'autres choses encore, ce que je vois autour de moi, et je me demande si c'est bien là ce qu'il faut entendre par les conquêtes de la Révolution et par votre grande loi du progrès ! »

FIN DE L'APPENDICE.

TABLE DES MATIÈRES

CHAPITRE PREMIER.

Pages.

Ce que fit le diable à propos d'un sermon de Bourdaloue et d'un jubilé du pape...................... 5

CHAPITRE II.

Quelques réflexions utiles. — Plan de ce livre........ 13

CHAPITRE III.

Joli système d'éducation. — Débuts d'un chef dont la bande existe encore. — Tragédie d'*Œdipe*, et spirituelle plaisanterie de l'auteur................. 19

CHAPITRE IV.

Qui se ressemble s'assemble. — Lord Bolingbroke. — Une scène de bastonnade.................... 33

CHAPITRE V.

Départ pour l'exil. — Ce qui attira de plus en plus au christianisme le désagrément d'avoir pour ennemi M. de Voltaire. — Origine authentique des libres-penseurs.. 45

CHAPITRE VI.

Mme du Chastelet. — Un livre brûlé en place de Grève. — Histoire avec un libraire de Rouen. — Quelle idée vint au philosophe, après avoir visité à Domremy la maison de Jeanne d'Arc........ 61

CHAPITRE VII.

Appréciations judicieuses du roi de Prusse. — Charmant volume publié par M. Arsène Houssaye, avec une préface de ce bon M. Janin. — Un mari trop philosophe. — Simple tableau de mœurs......... 79

CHAPITRE VIII.

Où la notice biographique du patriarche se complète... 93

CHAPITRE IX.

L'abbé Guénée. — Fréron. — Une épître du diable... 109

CHAPITRE X.

Mort de Voltaire................................. 129

CHAPITRE XI.

Pages.

Premiers tronçons de la queue.................. 143

CHAPITRE XII.

Quatre-vingt-cinq ans d'histoire à ne plus recommencer. — Etat des choses dans le présent............. 159

CHAPITRE XIII.

La chair et l'esprit........................... 179

CHAPITRE XIV.

Suite des doctrines professées par un journal trop connu. — Plus d'enfer........................ 191

CHAPITRE XV.

Opinion savante et judicieuse du même............ 203

CHAPITRE XVI.

Les francs-maçons et la société de Saint-Vincent de Paul. 215

CHAPITRE XVII.

Jolie page de spiritisme. — L'âme de la terre........ 229

CHAPITRE XVIII.

Pages.

Un Erostrate moderne. — Le masque change, les doctrines restent.................................. 243

CHAPITRE XIX.

Où l'on fait à M. Proudhon l'honneur de discuter avec lui.. 253

CHAPITRE XX.

La discussion continue............................ 263

CHAPITRE XXI.

Deux anciens catholiques. — Courtes réflexions sur *mademoiselle de la Quintinie*, sur la *Vie de Jésus*, et sur leurs auteurs................................ 287

CHAPITRE XXII.

Victor Hugo. — Deux ennemis qui ne comptent pas. — Derniers tronçons de la queue. — MM. Taine, Littré, Michelet, Ernest Feydeau. — La littérature hystérique...................................... 303

CHAPITRE XXIII.

Babel, ou les assises de la libre pensée. — Premier tableau... 321

CHAPITRE XXIV.

Pages.

Babel, ou les assises de la libre pensée. — Deuxième tableau 341

Conclusion 367

Appendice 375

FIN DE LA TABLE DES MATIÈRES.

www.ingramcontent.com/pod-product-compliance
Lightning Source LLC
Chambersburg PA
CBHW071908230426
43671CB00010B/1522